心を一つにまとめる

小学校 集団行動 演技指導のコツ

日本体育大学
名誉教授 清原伸彦 著

DVD付き

はじめに

　地球上の生物は集団で生きています。我々人間も同じで、一人では生きられないでしょう。いつの時代にも仲間が必要なのです。

　私たちは集団のなかから多くのことを学び、生きる価値を見出してきました。集団で生きていくためには、自分の好き勝手に生きることではなく、「決まりや約束を守る」「他人を思いやる気持ち」「仲間意識」「共通意識」「自ら率先して行動しようとする心」これらの精神を身につけることで集団として生きることができます。

　集団がまとまって機能するためには「決まりや約束を守る」ことがはじまりです。元気よくあいさつする、人と話すときや聞くときの態度、人にやられて嫌なことはしないなど、あたり前のことを一つひとつ行うことで集団としての環境がつくられます。スポーツにしても、私生活（衣食住）をきちんと整えることが重要です。私生活があってこその競技なのです。

　その環境が整うと「他人を思いやる気持ち」「仲間意識」「共通意識」「自ら率先して行動しようとする心」ができてきます。一人ひとりが自己の能力を高め、お互いに助け合いながら、集団としてのよい循環をつくっていきます。

　集団で行動すると、自分にないものは他者から学び、一生懸命行動している者にはアドバイスをし、まわりを率いる者が現れます。このよい循環のなかから本当の仲間意識が芽生え、大きな目標に対して集団として素晴らしい力を発揮できるのです。こうした一体感が人を成長させ、自分で考えて行動する力を育みます。

　集団行動はこれらの精神を育むために大切なものです。この最高の教材こそが集団行動であると私は考えます。こうしたさまざまな経験を積み重ねていくなかで、教師も児童生徒も一体となってお互いに学び、本当の絆を見つけられればと考えています。

　集団行動を学んでいく上で、集団行動の動きだけでなく、集団の楽しさ、素晴らしさも感じていただければ幸いです。

日本体育大学名誉教授　清原伸彦

CONTENTS

はじめに……………………………………2
本書の使い方・DVDの使い方…………6

1章 集団行動の基本

集団行動について………………………8
集団行動で育むもの……………………10
集団行動の指導のポイント……………14
集団行動の練習の流れ…………………16

方向変換❶[その場で左右] 📀……32
方向変換❷[その場で回れ右] 📀……34
方向変換❸[歩行中に左右] 📀………36
方向変換❹[歩行中に回れ右] 📀……38
礼 📀………………………………………39
　　COLUMN●学生の練習①…………40

2章 集団行動の基本の動き

基本の動き

役割と基本 📀……………………………20
動きの基本と号令………………………22
姿勢 📀……………………………………24
足踏み 📀…………………………………26
歩幅について……………………………27
歩行 📀……………………………………28
歩行停止 📀………………………………29
かけ足 📀…………………………………30
かけ足停止 📀……………………………31

3章 集団行動の練習

整列

隊列の種類………………………………42
集合と整列❶ 📀…………………………44
集合と整列❷ 📀…………………………46
列の増減❶[2列→4列→2列] 📀……48
列の増減❷[2列→3列→2列] 📀……52
列の増減❸[いろいろなパターン]……56

開列と集合

開列❶[両手距離間隔]…………………58
開列❷[片手距離間隔] 📀………………60
集合❶[元の隊形] 📀……………………62
集合❷[密集隊形] 📀……………………64

注目隊形 [DVD] ……………………… 66
行進
足踏み [DVD] ……………………… 68
歩行❶[直進] [DVD] ……………… 69
歩行❷[方向変換左右] [DVD] …… 70
歩行❸[方向変換全体左右] ……… 71
歩行❹[方向変換回れ右] ………… 72
歩行→かけ足 [DVD] ……………… 74
かけ足→歩行 [DVD] ……………… 76
歩行の組み合わせ
列を2つに分ける [DVD] ………… 78
列を4つに分ける [DVD] ………… 82
なみ足 [DVD] ……………………… 86
応用
前方から腰をおろして休め [DVD] … 88
腰をおろして休め[コマ送り] [DVD] … 90
回れ右前へ進め[コマ送り] [DVD] … 92
円を描く [DVD] …………………… 94
四角を描く [DVD] ………………… 98
列の交差 [DVD] …………………… 102
COLUMN●学生の練習② ……… 106

4章 集団行動のプログラム

プログラムの構成 ………………… 108
集団行動のプログラム例 ………… 110

5章 指導計画例

集団行動の指導
1日目 ……………………………… 120
2日目 ……………………………… 121
3日目 ……………………………… 122
4日目 ……………………………… 123
5日目 ……………………………… 124
6日目 ……………………………… 125
7日目 ……………………………… 126
8日目 ……………………………… 127

本書の使い方

- **分類**
- **動きの名前**
- **Point** — 動きの注意点や行う際のポイントを説明します。
- **号令** — リーダーがかける号令を「予令」と「本令」に分けて紹介します。
- **よくある失敗例** — 失敗しやすいポイント、その解決策などを説明します。
- **Checkポイント** — ポイントとなる部分や動きの方法などを解説します。
- DVDに収録されているマークです。左の数字は章、右はセクションを表します。
- **リズム** — リズムが必要なものは写真と連動して表します。
- **俯瞰図・足の動き** — 動きがわかりにくいものは図解で表します。

DVDの使い方

メインメニュー

メインメニューには2つの章と6つのセクションが表示されます。すべてを通して見たい場合は「all play」を選び、各章を通して見たい場合は章タイトルを選択、個別に見たい場合は、各セクションを選びます。

セクションメニュー

各セクション画面から、個別の動きが選べます。「all play」を選ぶと、セクション内すべての動きが見られます。メインメニューへは「メインメニューへ戻る」を選びます。

DVDのご利用にあたって

●ご利用になる前に
- DVDの内容は本書の2、3章と原則的に同じですが、一部異なる部分もあります。
- 各再生機能につきましては、ご使用になるプレーヤーの機能によっては、正常に動作しない場合があります。

●健康上の注意
DVDをご覧いただく際は、部屋を明るくして、テレビ画面に近づきすぎないようにしてください。

●著作権
本DVDの使用は、教育機関による適正な使用、私的な使用に限られます。権利者に無断でディスクに収録されている内容の全部または一部を、有償、無償を問わず複製・転売・放送・インターネットによる配信・上演・レンタルすることは法律で禁じられています。

1章 集団行動の基本

集団行動を行う前に、集団がどのようなものか
改めて確認しましょう。形式的な集団ではなく、
必要性のある集団を目指します。

集団行動について

集団行動をはじめる前に、集団行動がどのように定義されているのか、きちんと理解しておくことが大切です。

集団行動を指導する7つの要点

学校での集団行動の指導は、体育（保健体育）において、各学年の各運動領域の特性と関連して適切に指導すること、としています。

集団行動を学習指導要領と関連させたものが次のとおりです。

❶集団行動の意義や必要性を理解させる。
❷集団行動の基本的な行動様式を身につけさせる。
❸集団の約束や決まりを守って行動させる。
❹敏速・的確に行動させる。
❺互いに協力して自己の責任を果たさせる。
❻リーダーの指示にしたがって行動させる。
❼安全に留意して行動させる。

『学校体育実技指導資料　第5集　体育（保健体育）における集団行動指導の手引（改訂版）』より

つまり、集団行動の指導は体育の授業を基本に、集合や整列などの約束ごとを守り、素早く的確に行動させて学習効率をよくするために行います。これらは互いに協力することや安全に注意することにも役立ちます。

また、集団行動は、体育の授業以外でも学校生活を秩序正しく、安全で効率的に行うために大切なものです。集団行動を身につけることで、日常生活はもちろん、災害などの緊急を要する場合でも、それぞれの場にふさわしい行動を取ることができます。

このため、集団行動を形式的に指導したりすることは本来の意味からかけ離れてしまうため、まずは指導者が集団行動を理解してから指導することが重要です。

❶集団行動の意義や必要性を理解させる

児童生徒が集団での行動を秩序正しく、安全、効率的に行うことは、体育以外の活動を進めるためにも、とても大切であることを理解できるように指導しましょう。

❷集団行動の基本的な行動様式を身につけさせる

体育の授業における、集団行動の基本的な行動様式には、姿勢、方向変換、集合、整列、列の増減、開列、行進などの項目があります。

児童生徒の発達段階に応じて、具体的な方法を理解させて、しっかりと身につけるように指導します。体力・精神的な部分は個人差があるので、無理をさせないようにします。

基本的な行動様式を身につけるように指導する。

❸ 集団の約束や決まりを守って行動させる

　集団行動を指導するときは、児童生徒の一人ひとりが集団の一員ということを自覚するように伝えます。とくに「集団としての約束や決まりを守る」ことを進んでできるように促すことが重要です。

　それには、姿勢や行進などの行動様式を形式的に指導するのではなく、集団としての必要性を理解できるようにすることが大切です。

❹ 敏速・的確に行動させる

　集団行動では、秩序を保って、能率的に行動することが求められます。そのためには、敏速で的確な行動が必要です。周囲の状況に応じて素早く行動できるように指導するよう心がけましょう。

❺ 互いに協力して自己の責任を果たさせる

　集団行動では各メンバーがバラバラでは目標は達成できないでしょう。

　集団の目標を達成するためには、集団の一人ひとりが自分の役割を自覚して、互いに協力し合い、各自の責任を果たすように指導し

互いに協力して改善・努力する。

ます。

　できない者はできる者と相談し、どうしたら改善できるのかを考え、できる者は自己点検をして、お互いに高め合うと集団としてさらによくなります。

❻ リーダーの指示にしたがって行動させる

　集団の目標を能率的に達成するために、進んでリーダーの指示にしたがって行動することが大切です。

　児童生徒からリーダーを決めた場合は、的確な指示や合図を出し、メンバーとともに集団行動の目標を達成できるように指導しましょう。

❼ 安全に留意して行動させる

　集団行動では安全がとても重要です。各個人が集団から外れた行動をすると、ケガをするおそれがあります。

　集団行動の行動様式をきちんと身につけ、能率的に行動するために運動する場所や施設・用具、周囲の状況を見極め、安全に行動するように指導します。

リーダーの指示に進んでしたがうことが大切。

集団行動で育むもの
清原伸彦

集団行動は「人をつくる」という信念ではじめたもの。
集団としての環境を整え、個が自律して輝けば集団も輝きます。

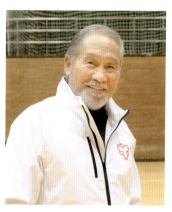

清原伸彦…1941年生まれ。大分県出身。日本体育大学名誉教授。長年、学生と一緒に集団行動の発展に取り組み、集団行動を世界に発信させている。とくに青少年（小学校・中学校）の育成に尽力する。

集団行動のはじまり

家族や学校、社会は集団で成り立っていて、人は一人では生きていけないと思います。ですから、集団をつくることで助け合ったり、目標を成し遂げたりすることができ、自分一人ではできないようなことも集団だからこそできるものもあります。私のやっている集団行動は生きるために大切なことです。

私が集団行動をはじめたきっかけは日本体育大学（以下、日体大）を卒業後、中学・高等学校の教員を7年続けたあと、数年ぶりに体育学部講師として母校へ戻ったときです。そのとき、学生寮の寮監督も務めることになりましたが、当時の学生寮はとても競技をする選手たちの寮とは思えないほどの状況でした。

寮では、上級生がわがまま勝手なことをいっていたので、学生を理解するために寝食を共にして改善に取り組みました。いまも学生に話しますが、集団というものは、悪く使ってしまうと悪循環が集団全体に広がってしまいます。

この悪循環から抜け出すために、まずは理不尽なことはすべてやめさせ、環境を整えることからはじめました。そして、そもそも集団とはどういうことかを教育するためにはじめたのが「集団行動」です。

メンバー同士で話し合い、意見を交換し合う。

しばらくすると、集団の一人ひとりが努力して、できる者はできない者を助け、その集団のリーダーが出てきます。こうしたよい環境のなかから本当の仲間意識が芽生え、集団の力を発揮します。それが本当の集団というものです。

当初は軍隊のようなことをやっていると、いろいろといわれたりもしました。しかし、私の目的は教育であり、信念を持ってやっていましたから腹も立ちませんでした。むしろ、いまに見ていろという精神で、誰も見たことがない集団行動をつくろうとしました。そういったプレッシャーも集団行動が生まれた原因かもしれませんね。

強制してはいけない

私の父は教育者で、私が失敗したときもそのことを認め、一緒に正座をして「なぜこういうことになったのか、どうすればよいのか」といい聞かせてくれました。この経験はいまでも私の指導の基本となっています。たとえ学生が失敗したとしても、その能力に応じた指導をしています。

集団行動は、強制してしまうと「やらされている」という意識が出てしまいます。強制されて集団行動を行うと、それぞれの行動が表面的なものや形式的なものになり、自らの意識が薄れます。

これでは集団として機能しなくなります。ただ「右へ回れ」などの指示をするだけでは、やっていることが嫌になってしまいます。ですから何か楽しいこと、なるほど、と納得できるテーマを持って練習することが大切です。しかし人間、疲れるとどこかで手を抜いてしまいます。ですから「10分集中しろ」「5分集中しろ」と状況や内容に応じて設定します。「たとえば、これは、こういう場面で役に立つ」と理解させます。各メンバーの捉え方や意識も違いますからね。

集団行動は自然と集まってやるものです。つまり、メンバーが主体で指導者本位とは違うものです。もちろん指導者が手助けする場合もありますが、その際は行動の理由や根拠をていねいに説明して、楽しんでできるように工夫することが重要です。

できないメンバーがいれば、改善できるように全員で考えます。そうすると次第に順応していき、できるようになります。指導者はできるまで待つことも重要です。何事もよい

一人ひとりが全力を尽くすことで統一された集団行動となる。

形式的ではなく、根拠や理由をきちんと説明して理解させる。

ときには冗談も交えて、メンバーのやる気を引き出す。

ものに仕上げるためには時間がかかるので、指導者は根気よく我慢する忍耐力が求められます。

指導者として考えていること

人を育てること・指導することは難しく、私の経験では、愛情を前提とした上で、厳しく、心身を鍛え、生きる勇気と自信を持たせ、たくましく育てることだと考えます。

集団行動で指導するときは、目標を設定して達成できる環境をつくります。お互いに考えていることや事実を話し合い、自分がやる気になれる環境をつくると自主性が生まれます。よいところを見つけて、認めて、ほめるとモチベーションも上がります。その気にさせることが大切で、着実にやる気と自信を積み上げていくのです。

メンタル面では、自信が笑顔になって出てくるように指導しています。あとは本人の感受性と献身的な心を育むことです。自分が間違いなくやったとしても、ほかのメンバーがミスすることもあります。そんなときに思いやりが持てるような気持ちをつくり上げることが大切です。

また、学ぶ人の人格、個性を意識します。

指導者として大事なことは、知恵、学ぶ、挑戦する精神の3つだと考えています。この3つは私が教員になるときに強く意識してきたことです。

若いうちは脇道に逸れた指導をしてしまうこともあるでしょう。本当に大事な道筋の見極めは指導者の情熱、個性を伸ばして根気よく継続することです。目標を達成するための道筋はひとつです。そのためには指導者が臨機応変に対応するために学び、知恵を絞り、あとは失敗を恐れず挑戦することが大切です。

人をつくるために

集団行動をやりたいと、私のところへ来る

学生の意見を聞きながら一緒に集団行動をつくり上げる。

学生は、自分の意志で来ます。強制ではないので、嫌ならやめなさいといいます。しかし、ここにいる以上は私のいうことから学びなさいと伝えています。

集団行動の練習でメンバーは「きつい」とよくいいます。それは見ている私が一番わかっていますが、私は現状からもうひとつ上を目指しています。この差が自分たちにも、また見ている人にも感動を与えると考えています。たとえ結果が出なかったとしても納得できる経験が次へとつながります。

そういう経験をするために私がいるんだと話をすると、学生たちも理解してくれます。この方針は昔から変わらない私の指導方針です。私は集団行動で技術をつくっているのではなく、人をつくっているのです。

ですから、私はできないメンバーには怒りません。できるのに、気づいていないふりをしたり、息抜きをしたりしている場合は叱ります。できるなら、自分で考え、いま以上のレベルまでできるように努力するように話します。また、きつく当たったメンバーには、こういう理由で指導したと必ず種明かしをします。==失敗を恐れずまずは挑戦することが大切です。人が一生懸命努力している姿は必ずまわりの人が見ていてくれます。この姿勢はいつまでも忘れてはいけないと考えています。==

メンバーには、失敗を恐れず敢然と進む勇気を持たせる。

私は小学生にも集団行動の指導をすることがあります。そのとき、みんなで同じことをすることを学んでほしいと考えています。

また、先生や人の話を聞くときの姿勢や態度、もののけじめを教えます。小学校でも不登校児童や学級崩壊といった問題がありますが、私は大人にも原因があると思います。子どもは大人の言動をちゃんと聞いているし、見ています。

一人だけを見ていてもわからないことも集団だからこそ見えてくるものがあります。これは年齢に限らず同じことです。周囲の大人たちが子どもと真摯に向き合い、さらに子どもたちの成長を集団行動を通じて伸ばしていただければ幸いです。

集団行動で大切なこと

- ◎集団行動は、集団がどういうものかを教育するためのもの。
- ◎本当の仲間意識をつくる。
- ◎強制ではなく、自然に集まって楽しく行うこと。
- ◎メンバーが主体で指導者が主体ではない。
- ◎ていねいに説明して、できるまで根気よく待つ。
- ◎よいところを見つけて、認めて、ほめる。
- ◎感受性と献身的な心を育む。
- ◎誰かがミスをしても思いやりを持てる気持ちをつくる。
- ◎結果が出なくても納得できる経験が次へつながる。
- ◎失敗を恐れず、まずは挑戦すること。
- ◎自分で考えて現状よりさらによくするように努力する。
- ◎真摯に向き合う。

集団行動の指導のポイント

集団行動は、集団としての楽しさを共有できるものです。楽しく行うために、指導のポイントを押さえておきましょう。

1 事故なく安全に行う

　集団行動は、事故のないように安全に行うことが大前提です。疲れや慢心で気がゆるむと、ちょっとしたことがケガや事故につながります。それらを回避するためには、集中して行動します。そのためには、楽しいと感じられるように指導することがポイントです。

　楽しいと感じて何かを行っている場合は、時間を忘れて集中しています。集団行動はやっていて楽しいと感じさせることで集中力を高め、事故を未然に防ぐようにします。

　ただし、集団行動は、意外と筋力や精神力が必要で、気がつかないうちに疲れてしまうことがあります。指導者はこまめに休憩させ、メンバーの状態の変化を見逃さないことが大切です。

疲れが出るとケガにつながりやすくなる。

2 自主的な行動を

　具体的な方法は指導するとしても、基本的には指導者が一方的にやらせるのではなく、それを聞いたメンバーが自分たちから自主的に物事を考えることが大切です。

　自主的な行動は細かなミスを指摘するのではなく、よいところを見つけて「ほめる」ことで伸びてきます。

　ほめる場合は、どこがよかったのか具体的に指摘しましょう。なぜ、ほめられたのかがわかるようにすると各行動の理解を早め、「見てもらえている」安心感にもつながり、失敗を恐れず挑戦できるようになります。

　また、自分たちが何をしているのかわかるように、いくつかのグループに分けて、お互いにチェックし、意見を交わすこともよいでしょう。

グループをいくつかに分けてお互いにチェックし、自主的に考える力をつける。

3 仲間意識・共通意識を育てる

　メンバーそれぞれがみんなで楽しく話し合いながら、ひとつのものをつくり上げていく感覚が集団行動の楽しさのひとつです。

　しかし、体力や忍耐力などの能力には個人差があるので、集団のうち一人がミスしてしまう場合もあります。そんなときに、全員でフォローしながら励まし合う、思いやりの心が仲間意識・共通意識を育みます。

　ミスのない一体感のある演技は、見ている人を感動させることもあります。しかし、一連の流れのなかで、足の運びなどにミスがあったとしても、気持ちの上で集団行動ができていれば構いません。ひとつの集団を意識しながら、集団をつくっていく行動がなにより重要です。

どうしたらよいものができるか、全員で話し合うことで仲間意識を育てる。

4 目標を立てて行う

　楽しさは目標をどこに設定するかによって、変わってきます。たとえば参加することに意義があることに目標をおけば、楽しく、苦しいことも少ないものになります。

　しかし、人を感動させる楽しさは、苦しさを乗り越えて見えてくるものです。ただし、高すぎる目標は、各メンバーの能力以上の練習が必要な場合があります。目標以上のことを求めてしまうと、楽しさはなくなってしまい、いままでできたこともできなくなることがあります。

　とくに、小学校・中学校では、体力も集中力も個人差が大きいです。失敗してもよいので、思い切って一生懸命できるように指導しましょう。

　目標は、各個人の能力を総合的に見た上で掲げます。設定した目標以上に成果を求めず、楽しく練習することで、気がついたら自然にできるようになるような指導が理想です。

楽しく練習することが成功への近道。

集団行動の練習の流れ

集団行動は本番までにやることがたくさんあります。どのようなことをやればよいのか、まずは練習の流れを覚えましょう。

1 指導プランをつくる

まずは、どこで発表するものかを決め、メンバー・指導者の人数を明確にします。あらかじめ指導者同士で話し合い、指導責任者、個別指導者を決めてから、指導プラン（P.120）をつくります。

次に、スケジュールや集団行動の構成を考え、時間や練習場所、指導目標や内容、事前に準備するものなどを決めていきます。

指導者同士でそれぞれ役割を決めて、話し合いながら準備していきましょう。スケジュールは1カ月、1日ごとに分けて作成し、本番までに何をするのか、指導目標や達成率を確認します。プランを進めるうちに、新たな課題が出た場合は話し合って調整しましょう。

指導プランのチェック項目
①メンバー・指導者の人数の確認
②スケジュールの構成
③集団行動の構成案
④時間や練習場所の選定
⑤指導目標や内容
⑥準備するもの

2 準備をする

気をつけ、休め、前へならえなどの基本の行動様式は、体育の授業中にも指導しているものです。その延長線上に集団行動はあります。

これから行う集団行動が普段のものとどう違うのか、その目的や姿勢をホームルームなどでメンバーに説明します。このとき動画もあるとさらに理解しやすいでしょう。

説明したらいよいよ集団行動の練習をはじめます。集団行動は、行進や回れ右などそれほど体を動かすようには見えませんが、実際はかなり体力・筋力を使うものです。集団行動を行う前は準備運動を必ず行い、集団で行動するためにふさわしいように、服装や身だしなみを整えておくことも大切です。

準備のポイント
①目的や姿勢を説明する
②服装を整える
③準備運動を必ず行う
④手足の爪は切る
⑤髪を結ぶ

ラジオ体操など、準備運動をしっかりと行う。

3 リーダーを選ぶ

集団行動は、号令をかける「リーダー」と号令にしたがって行動する「メンバー」に分かれます。

リーダーは全体の動きをコントロールするので、集団行動でもっとも難しい役割です。最初に希望を募り、そのなかから声が大きく通りやすいメンバーを選ぶとよいでしょう。場合によっては、指導者が行っても構いません。

リーダーには率先した行動が求められます。号令のほか、メンバーがよく見える位置に立っているので、全体の動きをよく見て、問題点を探す力など総合的な力が必要です。そのため、負担がかかりすぎることもあるので、いくつかのグループに分かれ、それぞれにサブリーダーをつけてサポートさせてもよいでしょう。

リーダーは問題点などを見つけ、改善できるように指摘する力も求められる。

4 体育館とグラウンド

練習は体育館やグラウンドで行いますが、しばらくは声が通りやすく、天候に左右されない体育館を使用します。ある程度練習を積み重ねたら、本番に向けてグラウンドを使用します。

体育館では、右向け右、回れ右などの基本の動きをはじめに練習します。その後、基本の動きは自主練習にまかせ、全体の流れを意識した練習に移行します。全体の練習では、列と列の間隔、リズム、歩くテンポなどを体に覚え込ませます。

グラウンドでの練習は、全体の流れができてから行います。グラウンドは体育館よりも広いので微調整をしつつ、本番での動きを確認します。

また、体育館ではテープを立ち位置に貼り、グラウンドではマーカーを打つなど、目印をつけて練習するとよいでしょう。

立ち位置にはテープなどで目印をつける。

5 パートごとに練習する

　練習はいくつかのパートごとに分けます。たとえば10の項目で構成した場合、1～3、4～6、7～10の3つに分け、それぞれ連続した動きを集中して練習します。

　1、2、3の動きを分割して行ったあと、1～3と続けて、流れを意識させます。ただし、同じ練習を繰り返すと集中力が欠けてくるので、1～3の練習を10分したら、4の動きを予習的に行う、やってみたいことをメンバーに聞くなど、楽しさが継続するように工夫しましょう。すべての演技が形になってきたら、次は全体を通して練習します。

　また、個々の基本の動きは自主練習が大切ですが、全体の練習で左足から出るなど基本の動きをしっかりとマスターできているか、ときどきチェックします。体育の授業などで先行して指導しておくのもよいでしょう。

パートごとの練習では、動きのないメンバーがチェックするとよい。

6 必要な道具をそろえる

　集団行動では基本的に道具は使いません。しかし、練習ではいくつかの道具を準備しておくとよいでしょう。

　集団行動の練習ではリズムを乱さないことがなにより大切です。そのためには、体育館ではメトロノームなどを使い、全体のリズムを合わせます。グラウンドでは音のズレが出るので、メンバー全員で「イチ、ニ」とかけ声をかけて行うとよいでしょう。

　また、姿勢が悪い、腕をうしろへ振る、といった指導をしても、メンバー自身は自分がどう動いているのかわからないことがあります。そんなときは、ビデオやスマホなどで動画を撮影しておけば、どこを改善すればよいのかすぐにわかります。動画の撮影は、メンバーに「ごまかせないぞ」といった緊張感を与えてよい効果をもたらします。

動画をその場で確認して、問題点を洗い出せば、すぐに改善しやすい。

2章 集団行動の基本の動き

集団行動をパフォーマンスとしたものを集団行動演技といいます。個々の動きはそれほど複雑なものはありません。まずは基本の動きを紹介します。

基本の動き❶
役割と基本

Point
- ◎集団行動演技はリーダー、メンバー、基準者で構成されます。
- ◎リーダーは声が大きく通りやすいメンバー、または教師が行います。
- ◎列の並び方は背の順を基本とします。
- ◎指名がない場合は列の右（正面から見て左）端のメンバーが基準となります。

メンバー
リーダーの号令にしたがって行動する。集団行動では号令を聞いて的確に、進んでリーダーの指示にしたがうように行動する必要がある。

基準者
整列などを行う際の基準となる。基準者は「基準」のかけ声と同時に、まわりのメンバーから基準がわかるように、右腕をまっすぐに上げる。

リーダー
メンバーの行動を号令で指示し、全体の動きをコントロールする。的確に指示を出し、メンバーが行動しやすいようにする。

Checkポイント
リーダーの選び方
リーダーは全体の動きを号令でコントロールするために、声が大きく通りやすいことが求められます。大きな声のメンバーから選ぶか、指導者が行ってもよいでしょう。

●各方向の呼び方

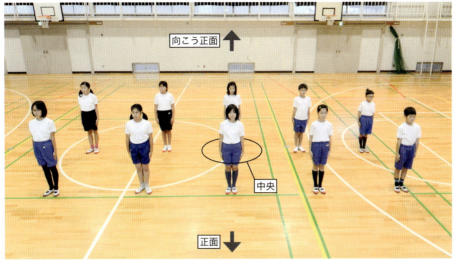

集団行動演技では、演技を見せる方向を「正面」、反対側を「向こう正面」として方向を決める。メンバーは正面を向くことを基本とする。

●並び方

列の並び方は正面左から背の順が基本。各列の歩幅は合いやすいが全体で多少のズレが出る。メンバー全員の演技が見えやすい。

アーチ状に並ぶと全体の歩幅が合わせやすいが、背の低いメンバーの演技が見えにくくなる。

●基準について

基準はリーダーが指名する場合と指名しない場合がある。指名する場合は、リーダーは手をまっすぐに伸ばす。指名しない場合は列の右(正面から見て左)端が基準となる。

基本の動き❷
動きの基本と号令

Point
◎歩行などは左足から動きはじめます。
◎号令には動きを予告する「予令」、動作を開始する「本令」があります。
◎号令のタイミングはメンバー全員の行動に影響するため、予令のあとに間をつくり、メンバーの動きを確認してから本令で指示します。

●動きの基本

歩行など動きの基本は、必ず左足からはじめる。これを徹底することで、全体の動きが統一できる。

●号令

予令 全体
本令 止まれ
本令は左足が着地するタイミングでかける

号令には、予令と本令がある。
[予令] これからの動きを予告する。
[本令] 動作を開始する。
リーダーはできるだけ大きな声ではっきりと声を出す。予令で次の動きを予告したあと間を取り、本令ではメンバーの足の動きを見て、タイミングを合わせる。たとえば「止まれ」などの本令では、メンバーの左足が着地するあたりで指示を出す。

●行動様式と号令

行動様式		号令		
		予令	間	本令
姿勢	気をつけの姿勢			気をつけ
	休めの姿勢			休め
	腰をおろして休む姿勢			腰をおろして休め
方向変換	右(左)への方向変換	右(左)向け	…	右(左)
	うしろへの方向変換	回れ	…	右
集合・整列・番号	縦隊の集合	○列縦隊に	…	集まれ
	縦隊の整列	右へ(前へ)	…	ならえ
	横隊の集合	○列横隊に	…	集まれ
	横隊の整列	右へ(前へ)	…	ならえ
	元の隊形に集合	元の隊形に	…	集まれ
	密集隊形の集合	密集隊形に	…	集まれ
	番号(通し番号)	番号	…	はじめ
	○の番号	○の番号	…	はじめ
列の増減・変換	2列横(縦)隊から4列横(縦)隊	4列	…	変換
	4列横(縦)隊から2列横(縦)隊	2列	…	変換
	2列横隊から4列縦隊	4列、右向け	…	右
	4列縦隊から2列横隊	2列、左向け	…	左
	2列横隊から3列縦隊	3列、右向け	…	右
	3列縦隊から2列横隊	2列、左向け	…	左
開列	両(片)手距離間隔の開列	両(片)手間隔に	…	開け(整とん)
	体操のできる距離間隔の開列	体操の隊形に	…	開け
行進	足踏み	(その場)足踏み	…	はじめ
	歩行	前へ	…	進め
	かけ足	かけ足	…	進め
	歩行・かけ足などの停止	全体	…	止まれ
	障害物を避けての歩行	なみ足	…	進め
	方向を指示しての歩行	○に向かって	…	進め
	歩行からかけ足	かけ足	…	進め
	かけ足から歩行	速足	…	進め
	先頭から順に方向変換	先頭	…	右(左)
	全員同時に方向変換	全体右(左)向け前へ	…	進め
	全員同時にうしろへの方向変換	回れ右前へ	…	進め
	円を描きながら歩行	円を描いて 先頭右(左)に円を描いて	…	進め
	四角形を描きながら歩行	四角形、前へ	…	進め
礼	立礼			礼

2章 集団行動の基本の動き②

基本の動き❸
姿勢

DVD 1-2

号令
本令 気をつけ
本令 （腰をおろして）休め

Point
◎よい姿勢は、集団行動演技の各動きを美しく見せますが、気をつけは緊張を伴いやすい姿勢なので、あまり長時間行わないようにします。
◎待機する場合は休めを行い、楽な姿勢を取ります。
◎注目するとき、長時間の休めの場合は腰をおろして休めを行います。

● 気をつけ

- 肩の力を抜く
- 両カカトはつける
- つま先は60度くらい自然に開く
- **本令** 気をつけ

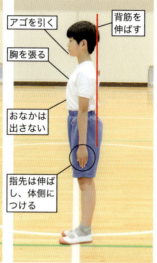
- アゴを引く
- 背筋を伸ばす
- 胸を張る
- おなかは出さない
- 指先は伸ばし、体側につける

背筋を伸ばしてまっすぐ立ち、肩の力を抜く。両カカトをつけ、つま先は左右均等になるよう自然に開く。発育上、カカトがつきにくい場合は、無理に行わない。

ヒザ、ヒジを伸ばして、指先を自然に伸ばして体の側面につける。アゴは軽く引き、正面をまっすぐに見る。

よくある**失敗例**

姿勢はすべての基本
よい姿勢は普段の生活でも基本になります。アゴやおなかが前に出たりしないようにチェックします。

アゴ、おなかは出ないようにして背筋を伸ばし、指先はまっすぐにする。

● 休め（横型）

- **本令** 休め
- 両足に均等に体重をかける

気をつけの姿勢から、左足を肩幅くらいに一歩横に出し、体重を均等にかける。両腕はうしろに回し、腰のあたりで右手首をつかむ。

● 休め（斜め型）

- **本令** 休め
- 出した足に体重をかけない

気をつけの姿勢から、左足を斜めに出す。左足には体重をかけないようにして休む。足を替えるときは、出している足を元に戻してから反対の足を出す。

●腰をおろして休め

1 気をつけの姿勢から、本令で腰をおろす。1のリズムで手をつく。このとき、座る場所の安全を確かめながら右手をつく。

うしろの安全を確かめて手をつく

両ヒザはそろえて軽く曲げる

2 手をついたら2のリズムで腰をおろす。両ヒザはできるだけそろえて軽く曲げる。

姿勢を正す

右手首をつかむ

3 3のリズムで右手首をつかんで両ヒザを抱え、姿勢を正す。

2章 集団行動の基本の動き③

よくある**失敗例**

ヒザはできるだけ閉じる

腰をおろして休む場合もできるだけよい姿勢を心がけます。とくに座るときや座ったあとに両ヒザが離れてしまうと見栄えも悪くなります。また、ヒザを曲げすぎると猫背になりやすいので注意しましょう。

腰をおろすときは、両ヒザをそろえて、猫背にならないように注意。

基本の動き❹ 足踏み

DVD 1-3

号令
- 予令：（その場）足踏み
- 本令：はじめ

Point
- ◎集団のリズムを統一するための準備動作として行います。
- ◎手は軽く握り、腕をまっすぐに伸ばします。腕の振り方は前後で同じ幅になるよう意識させます。とくに、うしろへの腕の振りに注意。
- ◎ヒザの高さ、腕の振りはわざとらしくならないように無理のない範囲で行います。

1 気をつけの姿勢で予令と本令を聞き、本令後に足踏みをはじめる。

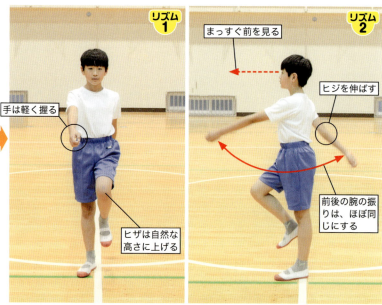

2 左足からその場で足踏みをし、1のリズムで左足、2のリズムで右足を上げる。上体の姿勢を保ち、腕の振り幅は前後でほぼ同じにする。うしろへの腕の振りは小さくなりやすいので、うしろをやや大きく振るように指導するとよい。

3 止まれの号令がかかったら1のリズムで右足を上げ、2のリズムで両腕をおろし、気をつけの姿勢。本令は、左足の着地と同時に行う。

基本の動き❺
歩幅について

Point
◎体格差もあるので、歩幅は狭いメンバーに合わせます。体格差がそれほどない場合は、歩幅が狭いメンバーと広いメンバーの中間にしてもよいでしょう。
◎歩幅は歩行の反復練習で少しずつ合わせましょう。
◎歩行時には微調整できるように、まわりのメンバーを意識するよう指導します。

2章 集団行動の基本の動き④・⑤

●歩幅の違い

はじめに体格差によって歩幅は違うことを確認する。一歩踏み出したメンバーの歩幅をすべてチェックし、歩幅が狭いメンバーに全員で合わせる。

●歩幅のズレ

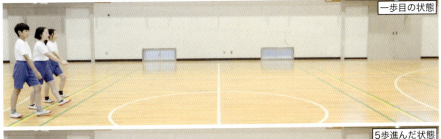

一歩目の状態

歩幅が違うメンバーが、調整しないで同じリズムで歩くとズレが出る。はじめはそれほど差がないが、歩く距離が長くなるほどズレが大きくなる。

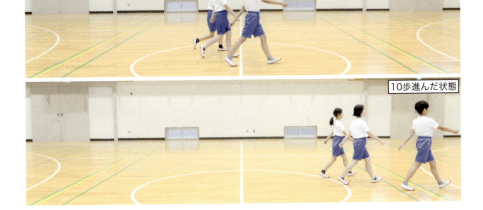

5歩進んだ状態

10歩進んだ状態

基本の動き❻

歩行

DVD 1-4

号令
予令 前へ
本令 進め

Point
◎歩行のリズムは左足を1、右足を2とします。
◎踏み出す足はヒザを伸ばします。足踏みと同じように手を軽く握り、ヒジを伸ばして腕をよく振ります。とくにうしろへ腕を振るときは小さくならないように注意。
◎歩行は縦横列を乱さないように、まわりのメンバーを意識するよう指導します。

●右を向く

予令 前へ　本令 進め

1 気をつけの姿勢で待機し、予令・本令を聞いて、動きに備える。

リズム1
よい姿勢を保つ／前を見る／ヒザを伸ばす

2 歩行のリズムは左足を1、右足を2として、左足からはじめる。よい姿勢を保ち、目線はまっすぐ前を見る。踏み出した足はヒザを伸ばす。

リズム2
ヒジを伸ばす／手は軽く握る／腕の前後の振り幅はほぼ同じ

3 2のリズムで右足を出す。腕の振り幅は前後でほぼ同じになるようにする。

Checkポイント

号令後は左足から
集団行動の動きは左足からはじまります。停止する場合はメンバーの左足が着地するあたりで本令で指示し、右足・左足のリズムで終わります。

動き出しは必ず左足からはじまる。

基本の動き❼
歩行停止

Point
◎停止するときのリズムは1で歩行を止め（右足）、2で足（左足）をそろえます。
◎リズム2で両腕を伸ばし、姿勢を正します。
◎リーダーは、メンバーの左足が着地するあたりで本令をかけます。予令の「全体」をリズムよく伸ばし、間を取ってから本令の「止まれ」を短く強めにかけます。

号令
予令：全体
本令：止まれ

1 予令で次の動作の準備をする。リーダーは「全体」をリズムよく伸ばす。

2 リーダーは予令後に間を取り、メンバーの足の動きに注目する。

左足が着地するあたりで本令をかける

3 左足が着地するあたりでリーダーは本令をかける。メンバーは本令で、右足を一歩前に出す。

4 1のリズムで、右足で勢いを抑えて歩行を止める。

右足で勢いを抑える

5 2のリズムで左足をそろえて両腕を伸ばし、姿勢を正す。

2章 集団行動の基本の動き⑥・⑦

基本の動き❽

かけ足

DVD 1-6

号令
予令 かけ足
本令 進め

Point
◎予令で両腕を腰に取り、走る準備をします。
◎「進め」の本令で左足から速いテンポで前へ踏み出します。
◎踏み出す幅は、歩行と同じ幅。足を出すテンポだけ変えます。
◎腕は軽く振る程度で、全速力で走るときのようには振りません。

予令 かけ足
手は軽く握る
両腕を腰に取る

1
気をつけの姿勢から、予令で両腕を腰に取り、走る準備をする。手は軽く握る。

本令 進め
リズム1

左足から踏み出す

リズム2

2
「進め」の合図で速いテンポで左足から踏み出す。歩行と同じように1のリズムで左足、2のリズムで右足を出す。

Checkポイント

踏み出す幅は歩行と同じ
かけ足はストライドを大きくして全速力で走るわけではありません。テンポを速くするだけで、歩行と同じ幅で足を踏み出します。

歩行

走行

歩行と走行の踏み出す幅は同じ。

基本の動き❾
かけ足停止

Point
◎歩行と同じように、リーダーはメンバーの左足が着地するあたりで本令をかけます。スピードが速いので間を取ってから本令の「止まれ」を短く強めにかけます。
◎停止するときは「止まれ」の合図で3歩踏み出し、4のリズムで左足を引きつけ、5のリズムで両腕をおろして気をつけの姿勢を取ります。

予令：全体
本令：止まれ

1 予令で次の動作の準備をする。リーダーは「全体」をリズムよく伸ばし、メンバーの左足が着地するあたりで「止まれ」と本令をかける。

左足が着地するあたりで本令をかける

2 本令後、メンバーは1のリズムで右足、2のリズムで左足、3のリズムで右足と、3歩踏み出す。3のリズムで勢いを抑えてかけ足を止める。

右足で勢いを抑える

3 4のリズムで左足をそろえて姿勢を正す。腕は腰に取ったままにしておく。

4 5のリズムで両腕を伸ばして体側につけ、姿勢を正す。

基本の動き❿

方向変換❶ [その場で左右]

Point
◎本令のあと、1のリズムで右に方向変換し、2のリズムで足をそろえます。
◎右に方向変換するときは、右足はつま先、左足はカカトを浮かせます。左に方向変換する場合は浮かせる足を反対にします。
◎まずは気をつけの姿勢から練習しましょう。

号令
予令　右（左）向け
本令　右（左）

● 右を向く

予令　右向け　本令　右

1 気をつけの姿勢で待機し、予令・本令を聞いて右に向く動きに備える。

リズム 1

2 気をつけの姿勢のまま、右つま先、左カカトを浮かせ、右に90度体を方向変換する。

支点に90度回転

リズム 2

左足を引きつける

3 浮かせた足を戻し、左足を右足に引きつける。

Checkポイント

足の動かし方

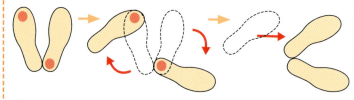

❶ 左足のつま先、右足のカカトに重心をかける。
❷ 左足のカカト、右足のつま先を浮かせて右に90度方向変換。
❸ 左足を右足に引きつけて、気をつけの姿勢になる。

●左を向く

予令:「左向け」 本令:「左」

リズム 1

支点に90度回転

リズム 2

右足を引きつける

1 右を向く場合と同じように、気をつけの姿勢で号令を聞く。

2 左足のつま先、右足のカカトを浮かせ、左に90度方向変換。

3 右足を左足に引きつける。

2章 集団行動の基本の動き⑩

よくある失敗例

重心のかけ方に注意！

右と左で重心のかけ方を反対にしてしまうと、回転できません。おぼえやすいように、右に回るときは右のつま先を浮かせて、左に回るときは左のつま先を浮かせるように指導すれば、自然に回る方向の足に重心がかかります。

全体をそろえるためには、回転する方向のつま先を浮かせて、反対の足のカカトを上げる練習のみ繰り返す。

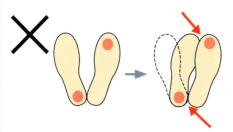

✕ 重心のかけ方を反対にすると、足にぶつかってしまい、回ることができない。

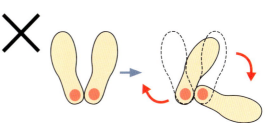

✕ 重心を両カカトにすると、回転しにくく、また足をスムーズにそろえにくい。

基本の動き⓫

方向変換❷[その場で回れ右]

DVD 1-9

号令
予令　回れ
本令　右

Point
◎「右」の本令後、1、2、3のリズムでうしろへ方向変換します。
◎右足を引くときは、やや内側に引くようにします。
◎2のリズムで両カカトを支点に180度回転します。
◎回転するときは、両手は体側につけて広がらないようにしましょう。

1 気をつけの姿勢で予令と本令を聞き、回れ右の動きに備える。

予令　回れ　　本令　右

リズム1

右足をやや内側に引く

2 本令後、1のリズムで右足を一歩うしろへ引く。このとき右足はやや内側（左足よりもやや外側）に引くようにする。

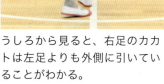

うしろ

うしろから見ると、右足のカカトは左足よりも外側に引いていることがわかる。

Check ポイント

足の動かし方

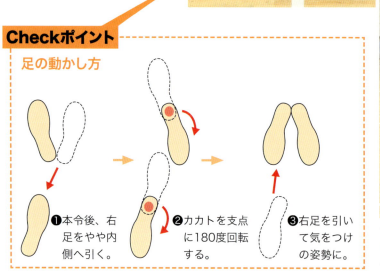

❶本令後、右足をやや内側へ引く。
❷カカトを支点に180度回転する。
❸右足を引いて気をつけの姿勢に。

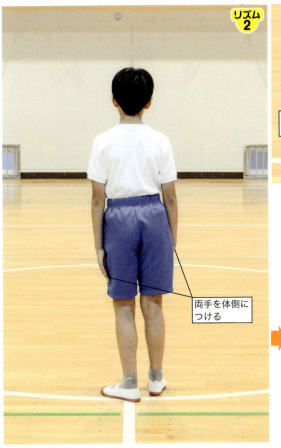

両手を体側につける

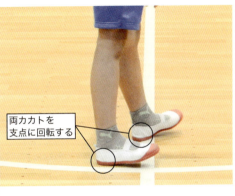

両カカトを支点に回転する

3 2のリズムで両方のカカトを支点に180度回転してうしろを向く。このとき両手が体側から離れないように注意する。

4 3のリズムで右足を引きつけ、気をつけの姿勢をする。

2章 集団行動の基本の動き⑪

よくある**失敗例**

勢いをつけすぎない

180度回転するときに、勢いよく回ろうとすると手も一緒に開いてしまいます。また、足の位置を気にしすぎて、足元を見ないようにしましょう。

勢いをつけて回転すると手が離れてしまう。足元を見てしまうのも美しくない。

35

基本の動き⑫
方向変換❸ [歩行中に左右]

DVD 1-10

号令
予令：右（左）向け前へ
本令：進め

Point
◎右への方向変換は、1（右）、2（左）、3（右）のリズムで足踏みをしながら右へ90度方向変換し、左足から前へ進みます。
◎左への方向変換は、1（右）のリズムでやや内側へ足を置き、2（左）のリズムで90度方向変換しながら前へ進みます。

●右を向く

予令：右向け前へ　本令：進め

1 歩行中のメンバーの左足が着地するあたりで、リーダーは本令をかける。

リズム1

右足を踏み出す
両手は体側につける

2 1のリズムで右足を一歩踏み出す。このとき右足はやや開いて前に出し、左足を右足に引きつける。両手は体側につける。

リズム2　リズム3

3 2、3のリズムでその場足踏みをしながら右へ90度方向変換する。

4 すぐに左足から一歩踏み出して前へ進む。

●左を向く

予令：左向け前へ　本令：進め

リズム1／右足をやや内側に踏み込む／左足を引きつける

リズム2／そのまま左足を前へ踏み出す

1. 歩行中のメンバーの左足が着地するあたりで、リーダーは本令をかける。
2. 1のリズムで右足をやや内側に踏み込み、左足を右足に引きつける。
3. 左足は着地せずに90度前へ一歩踏み出す。両手は体側につけなくてもよい。

2章　集団行動の基本の動き⑫

Checkポイント

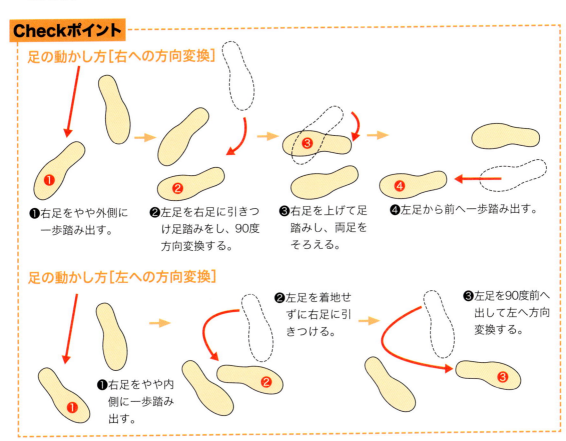

足の動かし方［右への方向変換］

❶右足をやや外側に一歩踏み出す。
❷左足を右足に引きつけ足踏みをし、90度方向変換する。
❸右足を上げて足踏みし、両足をそろえる。
❹左足から前へ一歩踏み出す。

足の動かし方［左への方向変換］

❶右足をやや内側に一歩踏み出す。
❷左足を着地せずに右足に引きつける。
❸左足を90度前へ出して左へ方向変換する。

基本の動き⓭
方向変換❹[歩行中に回れ右]

DVD 1-11

号令
予令：回れ右前へ
本令：進め

Point
◎リーダーは予令後に間を取り、メンバーの左足が着地したあたりで本令をかけます。
◎リーダーの号令で1、2のリズムで歩行を止め、3のリズムで右回りに180度方向を変え、左足から進みます。
◎回転後は重心の移動を素早く行い、すぐに左足から踏み出せるようにします。

1 歩行中のメンバーの左足が着地するあたりで、リーダーは本令をかける。

2 本令後、メンバーは1のリズムで右足を踏み出す。

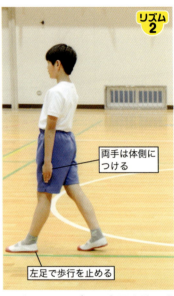

3 次に2のリズムで左足を踏み出して歩行を止める。両手は体側につける。

4 3のリズムで回れ右をする。このとき、左右のつま先を支点に180度回転すると素早く方向を変えられる。

5 左足から一歩踏み出し、前へ進む。

基本の動き⑭

礼

Point
◎礼（立礼）は気をつけの姿勢から、前方へ約30度上体を倒します。
◎背筋を伸ばしたまま首や背中が丸まらないように腰から前へ倒すようにし、両手は体側につけたままにします。
◎気をつけの姿勢から1、2のリズムで礼をし、3のリズムで元の姿勢に戻ります。

号令
本令 礼

本令 礼

1 気をつけの姿勢で本令を待つ。

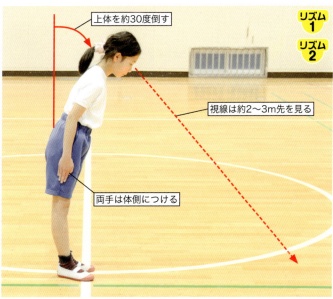
上体を約30度倒す
視線は約2〜3m先を見る
両手は体側につける
リズム1 / リズム2

2 腰から前へ倒すように、約30度の角度で上体を倒す。視線は気をつけの姿勢から変えずに、約2〜3m先を見る。1、2のリズムで礼をする。

リズム3

3 3のリズムで上体を元に戻す。

よくある失敗例

礼は意外と難しい
腰、背中、首を一直線にして上体を傾けることは意外と難しいものです。腰を曲げたときに、背中と首が動かないように「胸を張る」「2〜3m先を見る」などと声をかけて指導しましょう。

上体を倒すときに首が曲がらないように指導する。

2章 集団行動の基本の動き⑬・⑭

COLUMN

学生の練習①

名前で呼んで相手を尊重する

集団行動は男子学生寮の寮員のために考えたものがはじまりです。現在は寮員以外にもメンバーを募集していて、2017年は100人を超えています。

こうなると、一人ひとりの名前は覚えきれないので、ゼッケンに名前を書いてもらって、必ず名前で呼んでいます。

名前で呼ぶということは、個人を尊重しているということです。指導者が個人を尊重しなければ、集団としてのまとまりが欠けてしまいます。共通意識を育むためにも名札は欠かせないものです。

ゼッケンがあることで、名前で呼ぶことができ、見られている意識がメンバーに芽生える。

動きのアイデアは日常生活にあり

日常生活のなかで、動きのアイデアはいくらでも見つかります。たとえば、列の交差の動きは渋谷のスクランブル交差点を見ていて思いつきました。あの混雑でぶつからずに歩くことも、集団行動だといえます。

私は365日いつも人を見て、ずっと動きのアイデアを頭のなかで考えて、学生たちに提案しています。私からいろいろなアイデアを提案していると、今度は学生からも意見を出してくれるようになります。集団行動は、私の意見だけでなく、学生やコーチの意見を取り入れて演技がつくり上げられています。

列の交差はスクランブル交差点をヒントに考えられた。動きのアイデアは日常生活の観察眼による。

3章 集団行動の練習

集団行動は、お互いの動きを意識して行います。
一人ひとりが「集団」として仲間意識・共通意識を
持って行動しましょう。

整列❶
隊列の種類

Point
◎横隊・縦隊が基本の隊列になります。集団行動演技で背の順に並ぶ場合は、横隊は右端から高低に並びます。縦隊では先頭から高低の順番に並びます。
◎どの隊列でも基準者（基準列）に合わせて整列します。
◎目的によって、円形、半円形、扇形、コの字形などの隊形も利用します。

●横隊

正面に対して横に並ぶ隊列。集団行動演技で背の順に並ぶ場合は、右端から高低の順番になるようにする。

●縦隊

正面に対して縦に並ぶ隊列。集団行動演技で背の順に並ぶ場合は、先頭から高低の順番になるようにする。

●そのほかの隊列

基準者や指導者を含めて円形に並ぶ隊列。メンバー全員が基準者や指導者の顔が見えやすく、練習中の打ち合わせなどに利用しやすい隊形のひとつ。

縦隊の隊列を開き、基準者を中心に扇形に並ぶ隊列。基準者に注目させる場合や演技の隊列としても利用できる。

カタカナの「コ」の字に並ぶ隊列。基準者・メンバー全員の顔が見え、打ち合わせや意見の交換時などに利用しやすい。演技の隊列に発展させることもできる。

整列❷

集合と整列❶

DVD 2-1

号令
予令 **右へ（前へ）**
本令 **ならえ**

Point
◎前列は右腕を腰に取り、顔は基準者（右の方向）を見ます。授業などで縦隊に並ぶ場合は、顔は正面のまま両腕を腰に取る「前へならえ」を行います。
◎後列は前列の両肩に両腕をそろえて前後の間隔を取ります。
◎なおれの号令で正面を向き、気をつけの姿勢になります。

●右へならえ

1 本令で前列基準者は右腕を腰に取る。後列は前列の両肩に両腕をそろえ、間隔を取る。指先は伸ばし、前のメンバーの後頭部あたりを見る。

2 なおれの号令で腕をおろし、気をつけの姿勢。

●小さく右へならえ

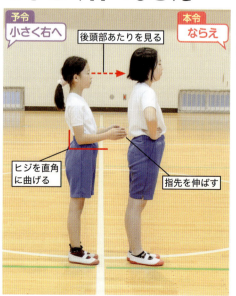

前後の間隔を詰める場合は、ヒジを直角に曲げる整列をする。

よくある失敗例

指先と目線

後列は、目線を下げてしまうと、指先も下がってしまうことがあります。目線は常に前列のメンバーの後頭部を見るようにしましょう。

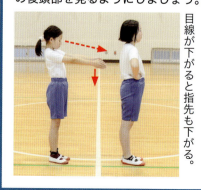

目線が下がると指先も下がる。

●隊列の整列

基準者は正面を向き、前列は基準者のほう（右）に顔を向ける。後列は前列の両肩に両腕をそろえ、間隔を取る。

縦隊も横隊と同様に、基準者は正面を向き、前列は基準者のほう（右）に顔を向ける。後列は前列の両肩に両腕をそろえて間隔を取る。

●番号（人員確認）

1　番号は人員確認、列を分ける場合などに行う。予令で前列のメンバーのみ基準者のほうに顔を向ける。

2　本令で基準から順番に番号を送る。自分の番号は大きな声ではっきりといい、素早く正面を向く。

Checkポイント

4と7と9の発音

番号のうち、4は「し」、7は「しち」、9は「く」と発音すれば素早く番号をいえる。

番号をいったら顔を正面に向ける

3章　集団行動の練習―整列②

整列❸

集合と整列❷

DVD 2-2

号令
予令：2列縦（横）隊に
本令：集まれ

Point
◎基準者は決められた場所に立ちます。
◎予令後、メンバーはかけ足の体勢で準備をし、本令で自分の位置まで走って集まります。
◎本令の合図で、できるだけ早く集まるように指導しましょう。

●2列縦隊に集合

予令：2列縦隊に
基準者はまっすぐ右腕を上げる
メンバーは走る準備をする

本令：集まれ

1 基準者を集合場所に配置し、基準者は右腕を上げる。予令後、メンバーは走る準備をする。

2 メンバーは本令の合図とともに、自分の位置まで走って2列縦隊に集合する。

先頭が決まったら、素早く整列する

3 メンバーは自分の位置まできたら、素早く整列して気をつけの姿勢。メンバーがそろった気配を感じたら、基準者は腕をおろす。

●2列横隊に集合

1 基準者を集合場所に配置し、基準者は右腕を上げる。予令でメンバーは走る準備をする。列を正面中央に左右均等に配置する場合は、人数によって基準者の位置を決めておく。

2 メンバーは本令の合図とともに、自分の位置まで走って2列横隊に集合する。

3 メンバーは自分の位置まできたら、素早く整列する。

4 整列したら基準者は腕をおろし、全員が気をつけの姿勢。

Checkポイント

集合後の整列

集合から整列までは、早いほど見栄えがよくなります。また、災害時など迅速な行動が求められる状況においても重要な行動のひとつです。集団行動演技の場合は、集合後に号令なしで「右へならえ」をして整列してもよいでしょう。

集合後にメンバーは基準に合わせて右へならえで整列してもよい。

整列❹

列の増減❶ [2列→4列→2列]

Point
- ◎2の番号で「1、2」と交互に繰り返し、偶数列のメンバーが移動します。
- ◎1、2のリズムで全員が右を向き、3、4のリズムで前後偶数列が右前へ一歩移動し、4列をつくります。
- ◎横隊の前後の間隔は、移動するメンバーが入るスペースを確保します。

● 2列横隊→4列縦隊

1 はじめに2列横隊に並び、2の番号の予令で前列のメンバーは基準者のほうを向く。

2 本令で、前列のメンバーが「1、2、1、2……」と続けていく。

3 本令の合図で全員が一斉に右を向く。基本の動きができていないとばらつくので、ズレないように練習しておく。

俯瞰図

右向け右を一斉に行う。動きのズレがないように、はじめはメンバー同士で声を出してリズムを合わせるとよい。

4 2のリズムで左足を右足に引きつける。気をつけの姿勢のままで腕が動かないように注意する。

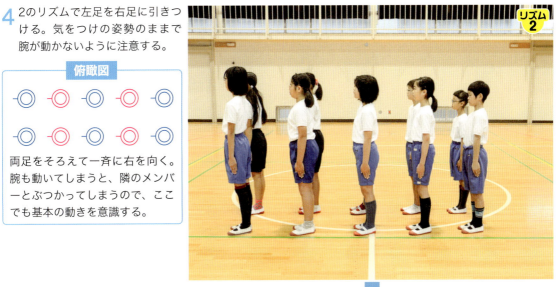

両足をそろえて一斉に右を向く。腕も動いてしまうと、隣のメンバーとぶつかってしまうので、ここでも基本の動きを意識する。

5 3のリズムに合わせて、偶数列は右斜め前、奇数列の間に一歩で入る。

移動するメンバーは、はじめの一歩で奇数列のメンバーのつま先にそろえて足を出す。

6 胸を張ってよい姿勢を取る。気をゆるめないように、一つひとつの動作を流れで行わないよう、リズムを意識させることが大切。

4列縦隊の完成。人数によっては、端が2人になってもよい。

●4列縦隊→2列横隊

1. 気をつけの姿勢で待機し、本令を聞いてから2列横隊に戻る。

   列の間隔を変えずに、移動するメンバーが入るスペースを確保する。

2. 本令後、1のリズムで全員が左足カカト、右足つま先に体重をかけて、一斉に左を向く。腕は動かさないようにする。

   左向け左を一斉に行う。右を向くときと同様に腕は動かさず、顔は正面を向く。

3. 2のリズムで右足を左足に引きつける。右と間違えないように指導する。

   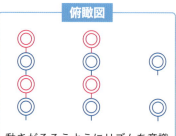

   動きがそろうようにリズムを意識させた指導をする。

4 3のリズムに合わせて、偶数列は左斜め前に一歩で入る。

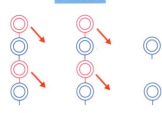

> **俯瞰図**
> 移動するメンバーは、2列横隊→4列縦隊と同様に一歩で奇数列のメンバーのつま先にそろえて踏み出す。

5 4のリズムで気をつけの姿勢を取る。一つひとつの動作をていねいに行う。

> **俯瞰図**
> 2列横隊に戻る。慣れてきたら前列と後列を入れ替えて、動きの確認をしてもよい。

よくある失敗例

間隔に注意しよう

列の増減では、移動するメンバーが入るスペースをあらかじめ確保しておきます。列の間隔は均等にし、狭すぎたり広すぎたりしないようにしましょう。

列の間隔が狭すぎると窮屈になってしまうので適切な間隔をあけておく。

整列❺

列の増減❷ [2列→3列→2列]

Point
◎3の番号で「1、2、3」と繰り返し、2の番号のメンバーが移動します。
◎1、2のリズムで全員が右を向き、3、4のリズムで前列2の番号が右前へ、後列2の番号が左うしろへ一歩移動して3列をつくります。
◎2列に戻るときは1、2のリズムで左を向き、3、4のリズムで元に戻ります。

予令 3列、右向け
本令 右

●2列横隊→3列縦隊

1 2列横隊で並び、予令で番号を送る準備をする。前列のメンバーは基準者のほうを向く。

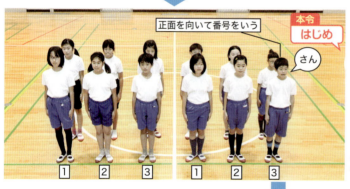

2 本令で、前列のメンバーが「1、2、3、……」と番号を続けていく。

3 本令の合図で全員が一斉に右を向く。左つま先と右カカトを支点に90度回転する。

右向け右を一斉に行う。練習ではメンバー同士で声を出してリズムを合わせる。

4 2のリズムで左足を右足に引きつけ、気をつけの姿勢。

俯瞰図

両足をそろえる。気をつけの姿勢を維持できるよう、意識させる。

5 3のリズムに合わせて、前列の2の番号のメンバーは右前、後列の2の番号のメンバーは左うしろへ一歩で入る。

俯瞰図

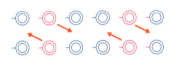

移動するメンバーは、一歩で列のメンバーのつま先とそろえるように踏み出す。

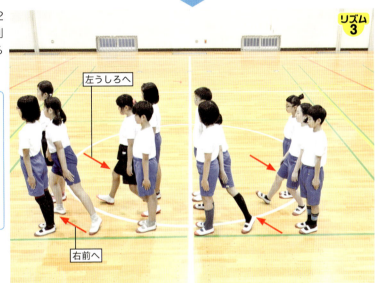

6 4のリズムで、胸を張って気をつけの姿勢。顔はまっすぐ前を見る。

俯瞰図

3列縦隊の完成。列が乱れていないかチェックし、練習して改善する。

3章 集団行動の練習―整列⑤

●3列縦隊→2列横隊

1 気をつけの姿勢で待機し、本令を聞いてから2列横隊に戻る。

列の間隔を変えずに、移動するメンバーが入るスペースを確保する。

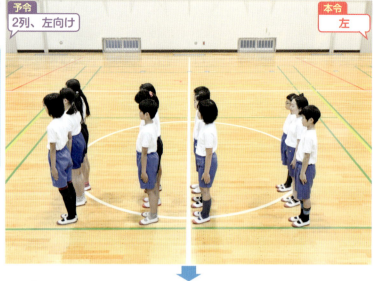

予令 2列、左向け
本令 左

2 1のリズムで全員が左足カカト、右足つま先を支点に左を向く。腕は動かさないようにする。

左向け左を一斉に行う。右を向くときと同様に腕は動かさず、顔は正面のまま。

リズム1

3 2のリズムで右足を左足に引きつける。

一斉に足をそろえる。リズムも含め、基本の動きをしっかりと練習しておくことがポイント。

リズム2

4 3のリズムに合わせて、2列横隊→3列縦隊の反対に、2の番号のメンバーは左前、右うしろへそれぞれ一歩で入る。

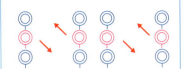

移動するメンバーは、2列横隊→3列縦隊と同様に一歩でほかのメンバーのつま先にそろえて踏み出す。

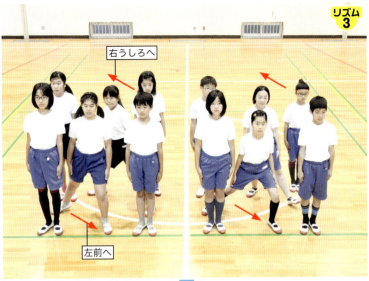

右うしろへ

左前へ

5 4のリズムで気をつけの姿勢を取る。列の増減はメンバー全員のリズムを合わせるよう指導する。

2列横隊に戻る。基本の動きができていれば、列の乱れは少なくなる。

よくある失敗例

メンバーのリズムを意識

リズムは各メンバーによって誤差があります。この誤差をなくすためには、練習で「1、2、3、4」と声をかけ合うとよいでしょう。慣れてきたら声を出さずに行います。

リズムがバラバラだと動きもバラバラになり、集団行動演技にならない。

3章 集団行動の練習 — 整列 ⑤

整列⑥
列の増減❸ [いろいろなパターン]

Point
◎列を分ける数に合わせて番号を順に送り、移動するメンバーを決めます。
◎横隊（縦隊）→横隊（縦隊）の変換は、1、2のリズムで移動するメンバーが一歩で踏み出して列を分けます。
◎ほかにどんなパターンができるか考えましょう。

●2列横隊→4列横隊

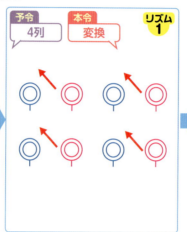
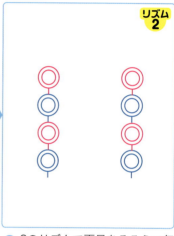

1 予令で前列のメンバーは基準者のほうを向き、本令で「1、2、1、2……」と2の番号を送り、顔を正面に向けていく。

2 本令を聞き、1のリズムで2の番号のメンバーは右うしろへ一歩後退する。

3 2のリズムで両足をそろえて気をつけの姿勢を取る。4列から2列に戻る場合は反対の動きをする。

●2列縦隊→4列縦隊

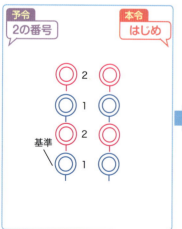
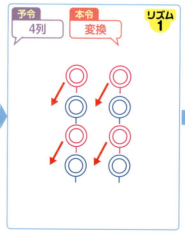
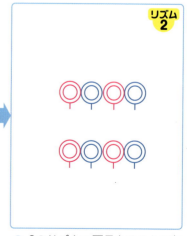

1 本令で基準列のメンバーが「1、2、1……」と2の番号を送る。

2 本令を聞き、1のリズムで2の番号のメンバーは右前へ一歩で移動する。

3 2のリズムで両足をそろえて気をつけの姿勢を取る。4列から2列に戻る場合は反対の動きをする。

●2列横隊→5列縦隊→2列横隊

1　予令で前列のメンバーは基準者のほうを向き、本令で「1、2、3、4、5……」と5の番号を送り、顔を正面に向けていく。

2　本令後、1、2のリズムで全員が一斉に右を向く。3、4のリズムで3の後列と5の前後列が右前へ一歩移動する。

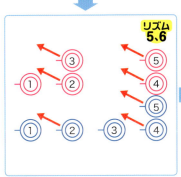

3　5、6のリズムで2の前後列、3の後列、4・5の前後列が右前へ一歩移動する。

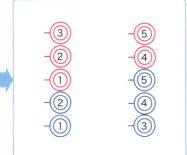

4　5列縦隊の完成。

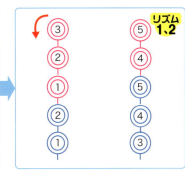

5　2列横隊に戻る場合は、1、2のリズムで一斉に左を向く。

6　先程と反対の手順で3、4のリズムで2の前後列、3の後列、4・5の前後列が左前へ一歩移動。

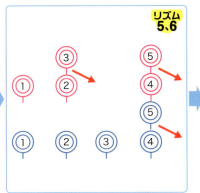

7　5、6のリズムで3の後列と5の前後列が左前へ一歩移動する。

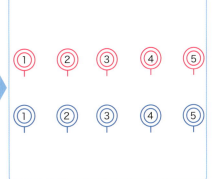

8　移動後は右足を左足に引きつけて気をつけの姿勢。

開列と集合❶

開列❶[両手距離間隔]

Point
◎基準者は右腕を高く上げ、基準のポイントを示します。
◎予令で、基準者を中心にメンバーは放射状の方向に向いて走る構えを取ります。
◎本令でそれぞれの位置に走り、両腕を真横に上げて列をそろえます。前後の間隔は左右と同じ間隔を取ります。

号令
予令　両手間隔に
本令　開け

1　はじめに基準を指名し、基準者は右腕を高く上げる。指示がない場合は右端先頭が基準となる。

俯瞰図

基準者は右腕を上げてポイントを示す。

基準者は右腕を高く上げる

2　予令で基準者を中心に、メンバーは放射状の方向に向いて走る構えを取る。

俯瞰図

基準者を中心に放射状に走る準備をする。

予令　両手間隔に

3 本令で両手距離間隔の位置に走る。できるだけ素早く行動する。

俯瞰図

両手距離間隔の位置にできるだけ速く走って移動する。広がりすぎないように注意する。

本令 開け

4 両腕を真横に上げて間隔を取り、列の両端は片腕だけ上げる。基準列は正面を向き、ほかのメンバーは基準列を向く。

俯瞰図

両腕を開いて間隔をそろえる。基準列以外のメンバーは、顔だけ基準列に向ける。

腕はできるだけまっすぐに上げる
端は片側だけ腕を上げる
基準列
基準列を見る

3章 集団行動の練習─開列と集合①

5 「なおれ」の号令で、正面を向いて気をつけの姿勢を取る。

俯瞰図

列が整ったら、リーダーは「なおれ」の号令をかける。メンバーは気をつけの姿勢を取る。

本令 なおれ

59

開列と集合❷

開列❷ [片手距離間隔]

Point
◎両手距離間隔と同様に基準者は右腕を高く上げ、基準のポイントを示します。
◎予令で、基準者を中心にメンバーは放射状の方向に向いて走る構えを取りますが、構えない場合もあります。
◎本令でそれぞれの位置に走り、基準列側の腕を真横に上げて列をそろえます。

号令
予令 片手間隔に
本令 開け（整とん）

1 基準者は右腕を高く上げる。指示がない場合は右端先頭が基準となる。

俯瞰図

両手間隔と同様に、基準者は右腕を上げてポイントを示す。

基準者は右腕を高く上げる

2 予令で基準者を中心に、メンバーは放射状の方向に向いて構えるが、省略してもよい。

俯瞰図

基準者を中心に放射状に走る準備をする。

予令 片手間隔に

3 本令で片手距離間隔の位置に移動する。

俯瞰図

片手間隔の位置に素早く移動する。広がりすぎないように注意する。

4 基準列側の腕を真横に上げて間隔を取る。前列は基準者に顔を向け、後列は前へならえをする。後列は両手距離間隔と同じように片腕を基準列側に上げて顔を向ける方法もある。

俯瞰図

片腕を上げて間隔をそろえる。前列は基準者のほうに顔だけ向ける。

5 「なおれ」の号令で、正面を向き、気をつけの姿勢を取る。

俯瞰図

間隔が整ったらリーダーは号令をかけ、メンバーは気をつけの姿勢を取る。

開列と集合❸

集合❶ [元の隊形]

DVD 2-6

号令
予令 元の隊形に
本令 集まれ

Point
◎予令で基準者は右腕を高く上げ、集まるポイントを示します。ほかのメンバーは走る方向へ構えます。距離が短い場合は省略することもあります。
◎本令で基準者は腕をおろし、ほかのメンバーは素早く元の隊形に集まります。
◎できるだけ迅速に行動できるように指導しましょう。

1 隊形が広がったあと、元の隊形に集合する。気をつけの姿勢で待機し、号令を待つ。

俯瞰図

全員正面を向いて気をつけの姿勢で、次の動きに備える。

2 予令で全員が基準者の方向を向き、ほかのメンバーは走る構えを取る。短い距離では省略してもよい。

予令 元の隊形に

俯瞰図

本令で素早く反応できるように、重心をやや前にかけて準備をする。

メンバーは走る構えを取る

3 本令で、できるだけ素早く元の位置に移動する。基準者は腕をおろし、気をつけの姿勢。

俯瞰図

できるだけ素早く集合するために、走って移動する。

基準者は腕をおろす

4 素早く元の位置に戻り、気をつけの姿勢を取る。

俯瞰図

位置の調整は最小限にし、メンバー全員が元の位置を把握しておくことが大切。

Checkポイント

集合後の整列

列の間隔が違う

1 集合後に列が乱れないように、メンバーは位置を把握しておく。

2 列が乱れるようなら、号令なしで「右へならえ」を組み込んでもよい。

3章 集団行動の練習—開列と集合③

開列と集合❹

集合❷ [密集隊形]

Point
◎予令で基準者は右腕を高く上げ、基準のポイントを示します。ほかのメンバーは走る方向へ構えますが、省略してもよいでしょう。
◎本令で基準者は腕をおろし、ほかのメンバーはより詰めた状態に集まり整列します。
◎集合はできるだけ素早く行動しましょう。

DVD 2-7

号令
予令：密集隊形に
本令：集まれ

1. より詰めた隊形に集合する。気をつけの姿勢で待機し、号令を待つ。

   俯瞰図

   全員正面を向いて気をつけの姿勢で、次の動きに備える。

2. 予令で全員が基準者の方向を向き、ほかのメンバーは走る構えを取る。短い距離では省略してもよい。

   俯瞰図

   重心をやや前にかけて走る準備をする。

予令：密集隊形に
メンバーは走る構え取る

3 本令で、できるだけ素早く詰めて列をそろえる。基準者は腕をおろし、気をつけの姿勢。

走る距離がない場合でも、できるだけ素早く集合する。

4 密集隊形に集合したら、気をつけの姿勢を取る。

間隔が詰まりすぎたり、広がりすぎたりしないよう正確に行動する。

よくある失敗例

位置を把握しておく

集合する場合、自分の位置を把握しておかないと素早く移動することができません。次の動きを予測して行動できるように、考えるクセをつけるような指導をしましょう。

位置を把握しておかないと間隔が広がったり狭まったりと、列がそろうまでに時間がかかってしまう。

開列と集合❺
注目隊形

DVD 2-8

号令

予令 注目のできる隊形に

本令 休め

Point
◎4列横隊から1、2、3のリズムで最終隊形をつくります。
◎1列目は腰をおろして休めの姿勢、2列目は右ヒザをついて立てヒザの姿勢、3列目は右足を半歩開いて中腰の姿勢、4列目は立位の休めの姿勢を取ります。
◎2のリズムで全員顔を伏せ、3のリズムで一斉に正面を向きます。

●各列の動き

1 気をつけの姿勢で待機。

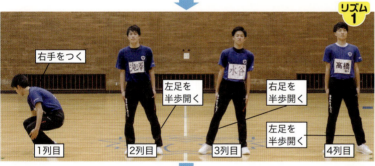

2 1のリズムで動き出す。1列目は右手をつき、2、4列目は左足を半歩開き、3列目は右足を半歩開く。

3 2のリズムで、全員顔を伏せたまま、1列目は腰をおろし、2列目は右ヒザをつく。3列目は中腰の姿勢、4列目は左足を半歩開いた状態。

4 3のリズムで一斉に顔を上げると同時に、1列目は右手首をつかみ、4列目はうしろで右手首をつかむ。

●注目隊形

予令　注目のできる隊形に
本令　休め

リズム1

1　4列横隊に並び、気をつけの姿勢で号令を待つ。

2　1のリズムで動きはじめる。全体の動きがそろうようにリズムを意識する。

3　2のリズムで完成の隊形の準備をし、全員顔を伏せる。

リズム2

4　3のリズムで一斉に顔を上げる。このあと「なおれ」の号令で顔を上げたまま、1、2、3のリズムで逆の動きで立ち上がる。

Checkポイント

リズムが大切

大勢が一斉に同じ動きをするだけで、簡単な演技も迫力のあるものとなる。練習では全員で声を出してリズムをそろえる。

リズム3

3章　集団行動の練習―開列と集合⑤

行進❶
足踏み

DVD 2-9

号令
予令 (その場)足踏み
本令 はじめ

Point
◎足踏みを集団で行います。基本の動きができるかチェックします。
◎同じ位置に足をおろさないと、列全体が徐々に移動してしまうので、足は常に同じ場所におろすようにしましょう。
◎リズムが合わないと前後で腕がぶつかるので、リズムを意識します。

予令 (その場)足踏み 本令 はじめ

1 気をつけの姿勢で待機し、本令に備える。

リズム1
ヒジを伸ばす
ヒザは自然な高さ

2 本令で、左足から足踏みをはじめる。1のリズムで左足を上げる。

リズム2

3 2のリズムで、右足を上げる。1、2のリズムで足を交互に踏み出す。

よくある失敗例

足踏みはその場を意識

足踏みは毎回同じ場所に足をおろさないと、列が乱れてしまいます。徐々に前後に進んでしまうのでその場に足をおろすことを意識しましょう。

前

後

足踏み開始後、しばらくすると列が乱れてしまった例。

行進❷
歩行❶ [直進]

DVD 2-10

号令
予令 前へ
本令 進め

Point
◎集団での歩行も基本の動きと同じく左足を1、右足を2のリズムで歩きます。
◎全員が同じリズムで歩き、前のメンバーとの距離が変わらないように腕をよく振ります。また、左右も目の端で意識して乱れないようにします。
◎歩行はよい姿勢で胸を張って堂々と行いましょう。

1 気をつけの姿勢で号令を聞き、本令で左足から踏み出す。

2 1のリズムで左足を踏み出す。ヒザを伸ばし、腕を前後によく振る。よい姿勢を保ち、胸を張って堂々と行進する。

3 2のリズムで右足を踏み出す。1、2と交互に踏み出し前へ進む。

4 止まるときは、リーダーは予令後に間を取り、メンバーの左足が着地してから本令をかける。

5 本令後、1のリズムで右足を一歩踏み出して歩行を止める。

6 2のリズムで左足を右足に引きつけ、気をつけの姿勢で止まる。

行進❸

歩行❷ [方向変換左右]

DVD 2-11

号令
- 予令：先頭
- 本令：右（左）

Point
- ◎列全体が直進しながら、号令で先頭から右（左）に方向を変えます。
- ◎内側の列は足踏みをするように外側の列に合わせ、外側の列は少し大股で歩くようにします。お互いに横の列を意識して、列が乱れないようにします。
- ◎カーブでは手がぶつからないよう、内側のメンバーは腕を振らずに曲がります。

● 右に進む

1 行進しながら予令で次の動きに備える。

（予令：先頭／本令：右／内側は足踏みし／腕は振らない／外側はやや大股）

2 本令後、先頭の列から右へ曲がる。列が乱れないように内側は足踏みをするように体勢を変え、外側はやや大股で歩く。

（横）

3 次の横の列も内側と外側で歩幅をそろえる。カーブする場所から放射状になるようなイメージで行進する。

よくある失敗例

内側ほどゆっくり

カーブで内側がペースを落とさずに進んでしまうと、列が乱れてしまいます。カーブでは常に横の列を意識することが大切です。

内側が歩くペースを落とさない場合、列が確実に乱れる。内側は常に外側を、外側は内側を意識して歩く。

行進❹

歩行❸ ［方向変換全体左右］

号令
予令 全体右（左）向け前へ
本令 進め

Point
◎基本の動きと同じように、右への方向変換は、1（右）、2（左）、3（右）のリズム、左への方向変換は1（右）のリズムで90度方向変換します。
◎全体の動きがそろわないと列がすぐに乱れてしまうため、基本の動きをおさらいしてリズムを合わせるように指導します。

●右に進む

予令 全体右向け前へ
本令 進め
リズム 1

1 本令の合図後、1のリズムで右足をやや開き気味に一歩前に出す。歩行中のメンバーの左足が着地するあたりで、リーダーは本令をかける。

リズム 2 リズム 3

2 左足を引きつけて、2、3のリズムでその場で足踏みをしながら右へ90度方向変換をする。

3 体勢を整えたら、すぐに左足から一歩踏み出して前へ進む。

4 方向変換後に列が乱れないように、メンバー全員がリズムを意識する。

行進❺

歩行❹ [方向変換回れ右]

Point
◎リーダーの号令で1、2のリズムで歩行を止め、3のリズムで右回りに180度方向を変え、左足から進みます。
◎回転後は重心の移動を素早く行い、すぐに左足から踏み出せるようにします。
◎リズムがバラバラだと統一感のない動きになります。

号令
予令：回れ右前へ
本令：進め

1 歩行中のメンバーの左足が着地するあたりで、リーダーは本令をかける。

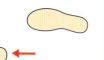
足の動き

左足が着地するあたりで本令をかける。

予令：回れ右前へ　本令：進め

2 メンバーは1のリズムで右足を一歩踏み出し回転する準備をする。

足の動き

1のリズムで右足を踏み出す。

リズム1

3 2のリズムで左足を踏み出して、カカトから着地する。このタイミングで両手を体側につける。

2のリズムで左足カカトから着地する。

4 3のリズムで回れ右をして180度方向変換をする。左右のつま先を支点に素早く回転する。

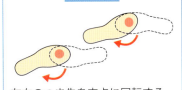

左右のつま先を支点に回転する。

5 回転後は左足から一歩踏み出し、前へ進む。

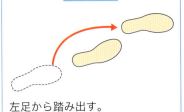

左足から踏み出す。

行進❻
歩行→かけ足

DVD 2-12

号令
予令：かけ足
本令：進め

Point
◎予令で、歩行のリズムを変えずに両腕を腰に取り、走る準備をします。
◎本令で1のリズムで右足を一歩踏み出し、2のリズムで左足から速いテンポでかけ足をします。
◎歩行時と同じ歩幅でかけ足をし、テンポだけ変えます。

●歩行→かけ足

1 歩行からかけ足をする場合、まずはリズムをそろえて歩く。

予令：かけ足　本令：進め
両腕を腰に取る

2 予令で両腕を腰に取り、走る準備をしたまま歩行する。リーダーは予令後に間を取り、メンバーの左足がついたら本令をかける。

リズム1
右足を踏み出す

3 本令後、1のリズムで歩くペースを変えずに右足を一歩前に出す。

リズム2
左足からかけ足開始

4 2のリズムで左足から速いテンポでかけ足をする。

●かけ足→停止

1 停止する場合、リーダーは予令後に間を取り、メンバーの左足が着地するあたりで本令をかける。

2 本令後、1のリズムで右足を一歩踏み出す。

3 2のリズムで左足を一歩踏み出す。

4 3のリズムで右足を一歩踏み出し、勢いを止める。

5 4のリズムで左足を引きつける。両腕は腰に取ったまま。

6 5のリズムで両腕を体側におろし、気をつけの姿勢を取る。1〜5のリズムをそろえることで統一感を出す。

よくある**失敗例**

左足の決まりを守る

集団行動演技では、左足からすべての動作を行います。歩行からかけ足では、1のリズムで右足から走りはじめることがあります。こうなると統一感がなくなるので、基本の「左足」からスタートをしっかりと身につけましょう。

右足からかけ足したことで、ほかのメンバーとそろわなくなる。

行進❼
かけ足→歩行

DVD 2-13

号令
予令：速足
本令：進め

Point
◎本令後、かけ足のリズムで右足から1、2、3と踏み出します。その後左足から歩行のリズムで進みます。
◎歩行に移るときは、3のリズムで着地すると同時に、4のリズムで左足のヒザと両腕のヒジを伸ばします。

●かけ足→歩行

1 リズムをそろえて走る。リーダーは予令をかけ、メンバーは動きに備える。

予令：速足

2 リーダーは、メンバーの左足が着地するあたりで「進め」の本令をかける。

本令：進め

左足が着地するあたりで本令

3 本令後、1、2のリズムで右足、左足と一歩ずつ前へ進む。

リズム1 ／ リズム2

4 3のリズムで右足を一歩踏み出し、勢いを抑える。

右足を踏み出す

5 4のリズムで歩行に移る。このとき、左ヒザと両腕のヒジを伸ばして歩行の体勢を取り、左足で一歩踏み出し、歩行開始。

ヒジを伸ばす

左ヒザを伸ばす

●歩行→停止

予令 全体　本令 止まれ

1 「全体、止まれ」の号令後、1のリズムで右足を一歩踏み出して勢いを抑える。

2 2のリズムで左足を右足に引きつけて停止する。

3章 集団行動の練習―行進⑦

歩行の組み合わせ❶
列を2つに分ける

DVD 2-14

号令
予令 偶数列、回れ右前へ
本令 進め

Point
◎偶数列が回れ右前へ進んで列を2つに分けます。さらに回れ右前へ進めで列を合わせ、奇数列が回れ右前へ進み元に戻ります。
◎リーダーは、メンバーの動きをよく見て、的確なタイミングで指示を出すことが重要です。

1 歩行中に奇数列と偶数列の2つのグループに分けて元に戻る。まずは「前へ進め」の号令で、4列縦隊で前進する。

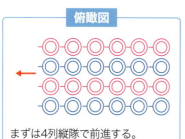

俯瞰図
まずは4列縦隊で前進する。

予令 前へ / 本令 進め

予令 偶数列、回れ右前へ / 本令 進め

2 リーダーは予令をかけて間を取り、左足が着地するあたりで本令をかける。

リズム①

3 本令後、メンバーは1のリズムで右足を踏み出す。

4 2のリズムで偶数列のみが180度方向変換して列を2つに分ける。

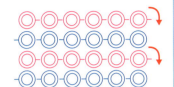

偶数列は歩行中に回れ右をして180度方向変換して前へ進む。奇数列はそのまま進む。

5 それぞれの列が前進して2つのグループに分かれる。

列が2つに分かれる。リーダーは次の号令をかけるタイミングを計る。

6 次に「回れ右前へ、進め」の号令で全体が180度方向変換して前へ進む。

ある程度距離をあけた状態で全体が回れ右をして、180度方向変換する。

7 2つのグループが近づいたら、リーダーは早めに予令をかけて本令のタイミングを計る。

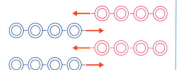

列が接近してきたら早い段階で、予令をかけて間を取る。

8 リーダーは、メンバーの左足が着地するあたりで本令をかける。偶数列の最後列から5番目と、奇数列の最前列が重なるあたりを目安にするとよい。

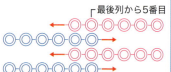

タイミングを見て偶数列の最後列から5番目と最前列が重なるあたりで号令をかける。

9 1のリズムで右足を踏み出す。奇数列は回れ右の準備。

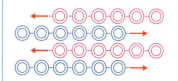

リズム1で一歩ずつ進むため、偶数列の最後列から3番目と奇数列の最前列が重なる。

10 2のリズムで奇数列は180度方向変換する。

俯瞰図

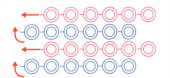

リズム2で奇数列は回れ右をする。偶数列は一歩進み、偶数列の最後列から2番目と奇数列の最前列が重なる。

11 奇数列が3のリズムで左足を一歩前に出すと元の4列縦隊に戻る。そのまま前進する。

俯瞰図

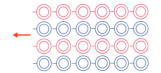

リズム3で元の隊列に戻る。多少ズレがあるようなら数歩のうちに修正する。

よくある**失敗例**

号令の失敗

この集団行動演技でもっとも重要なことは、列を元に戻すときのリーダーの号令です。号令が早すぎたり、遅すぎたりすると列がズレてしまいます。このため、何度か練習を重ねて号令をかけるタイミングをつかみましょう。

号令が早すぎたために、列がズレてしまった例。

歩行の組み合わせ❷

列を4つに分ける

DVD 2-15

Point
◎4列縦隊を前後列2つに分けて、回れ右をします。さらに1、4列が右に進むことで、列を4つに分けます。
◎戻るときは、列を2つに戻してから4列縦隊になります。
◎リーダーは、的確なタイミングで指示を出します。

号令
予令：1、4列右向け前へ
本令：進め

1 まずは「前へ進め」の号令で、4列縦隊で前進する。

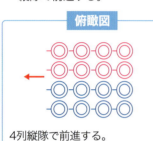

4列縦隊で前進する。

予令：前へ　本令：進め

2 号令で後列（3、4列）が180度方向変換して2つのグループに分かれて進む。

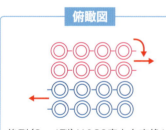

後列（3、4列）は180度方向変換して前へ進む。

予令：後列、回れ右前へ　本令：進め

3 各列が前進し、「回れ右前へ、進め」の号令で全体が180度方向変換して前へ進む。

全体が180度方向変換して近づく。

予令：回れ右前へ　本令：進め

4 列が近づいてきたら、リーダーは余裕を持って早めに予令をかける。

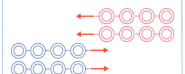

列が接近してきたら早い段階で、予令をかけて間を取る。

5 リーダーは列が重なるあたりで本令をかける。

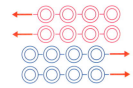

列が重なるタイミングで本令をかける。

6 1、4列は右、左、右と足踏みをして左足から一歩前に出る。

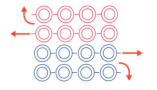

1、4列は進行方向に対し、右へ方向変換する。

83

7 全体が4つのグループに分かれて行進する。

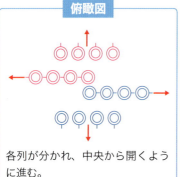

各列が分かれ、中央から開くように進む。

8 次に「回れ右前へ、進め」の号令で、全体が180度方向変換する。

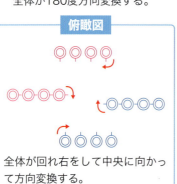

全体が回れ右をして中央に向かって方向変換する。

9 4つのグループが重なるタイミングで本令をかけ、1、4列が進行方向に対して左に進む。

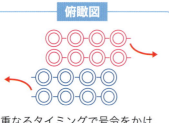

重なるタイミングで号令をかけ、2つのグループに戻ってそれぞれ進む。

10 「回れ右前へ、進め」の号令で全体が180度方向変換して近づく。

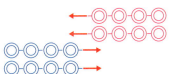

前半と同じように回れ右をして各列が中央に進む。

11 「前列回れ右前へ、進め」の号令で前列が180度方向変換する。

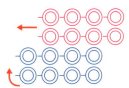

前列(1、2列)が回れ右をする。リーダーは号令のタイミングに注意する。

12 前列と後列が4列縦隊に戻って前へ進む。

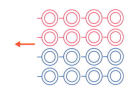

最初の状態に戻って前進する。

歩行の組み合わせ❸

なみ足

DVD 2-16

号令
予令 なみ足
本令 進め

Point
- ◎「なみ足」は歩行中に障害物などを避けるために、一時的に列は乱れても足並みをそろえて進む歩行です。
- ◎号令でメンバーが各々の方向へ足並みを崩さずに歩行します。
- ◎「なおれ」の号令で先頭から早く列を整えます。

1 気をつけの姿勢で待機し、「前へ、進め」の号令で前進する。

予令 前へ / 本令 進め

2 行進後、リーダーの号令で、それぞれ列を崩して前へ進む。

俯瞰図

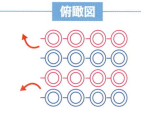

リズムは変えずに、それぞれが別の方向へ進む。

予令 なみ足 / 本令 進め

3 メンバーそれぞれが自分の判断で、障害物を避けるように前へ進む。

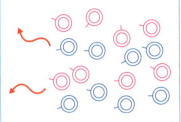

進行方向にある障害物をイメージして進む。

4 リーダーの「なおれ」の号令で先頭から早く列を戻す。

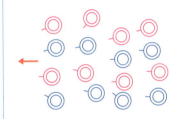

先頭から列を整えながら行進する。

5 列を元に戻し、前へ進む。

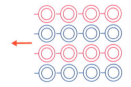

列を整え終わったら、はじめと同じように行進する。

Checkポイント

前と左右を意識

自分の前と左右のメンバーの動きを意識しながら列を整えます。

応用❶

前方から腰をおろして休め

本令
（前方から）
腰をおろして
休め

Point
◎動きの統一ができれば、「腰をおろして休め」も集団行動演技になります。
◎縦隊に並び、前から順番に腰をおろして休めを行います。全員が腰をおろしたら「起立」の号令で元に戻ります。
◎リズムを意識し、1のリズムで次のメンバーは動作を開始します。

●腰をおろす

1 はじめに縦隊に並び、号令があるまで気をつけの姿勢で待機する。

2 号令で前から順に腰をおろす。先頭は1のリズムで手をつく。このタイミングで2番目は動作を開始する。

3 2のリズムで先頭が腰をおろす。2番目のメンバーは右手をつく。

4 先頭は3のリズムで右手首をつかんで両ヒザを抱え、姿勢を正す。

5 リズムを意識すれば波打つような演技となる。

●元に戻る

1 リーダーの号令があるまでは待機する。

2 最後尾が1のリズムで右手をつく。

3 最後尾が2のリズムで腰を上げる。最後尾から2番目のメンバーは右手をつく。

4 3のリズムで最後尾が立ち上がり気をつけの姿勢を取る。最後尾から2番目のメンバーは立ち上がり、3番目は右手をつく。

5 最前列まで順番に同じリズムで立ち上がり、全員が気をつけの姿勢を取る。

応用❷

腰をおろして休め [コマ送り]

Point
◎「腰をおろして休め」の動作を一つひとつ止めて、ストップモーションを入力で行います。筋力が必要な部分はメンバーの能力を考えて配置します。
◎人数によって動きを止める位置を決めます。
◎「なおれ」の号令で端から順に元に戻るか、腰をおろします。

本令（コマ送り）腰をおろして休め

1. 横一列に並び、気をつけの姿勢で号令を待つ。

2. 本令で右端から順に腰をおろして休めの姿勢をはじめ、各動作を止める。

右端から動きを止める

3. 隣のメンバーが動きはじめたら次のメンバーが動作を開始する。

4 左端が腰をおろして完成。メンバーはできるだけ動かないようにする。

5 なおれの号令で、今度は反対側から順番に気をつけの姿勢に戻る。腰をおろすときと同様に次のメンバーが動きはじめたら行動を開始する。また、全員が腰をおろす演技にしてもよい。

6 順番に立ち上がり、立ち上がったメンバーは気をつけの姿勢を取る。

7 全員が気をつけの姿勢に戻る。

応用❸
回れ右前へ進め [コマ送り]

Point
◎「回れ右前へ、進め」の動作をストップモーションで表現します。
◎動きを止めたら、できるだけ動かないようにします。
◎「なおれ」の号令で右端から順に動き出し、回れ右をして行進する。
◎集団行動演技では列を分けたあとなどに組み込みやすいでしょう。

1. 横一列に並び、前へ進む。リーダーはメンバーの左足が着地するあたりで本令をかける。

2. 左足を一歩踏み出す手前のタイミングで右端から順に動きを止めていく。

右端から動きを止める

3. 右端から順に、回れ右の動きを止める。

動きを順に止める

4 「回れ右前へ、進め」の動きをそれぞれ停止して完成。できるだけ動かないようにする。

5 「なおれ」の号令で右端から順番に動き出す。

6 隣のメンバーの動きと自分の止まった動きがそろうようにする。

7 全員が方向変換して一列になり、前へ進む。

応用❹
円を描く

DVD 2-20

号令
予令：円を描いて
本令：進め

Point
◎2、3列で円を描いて進みます。内側と外側で歩くペースを合わせます。
◎最後尾を意識し、どのくらいの径できれいな円になるのか練習します。
◎リーダーは「円を描いて」「先頭右（左）に円を描いて」のどちらかの予令後、「進め」の本令をかけます。

1 まずは2列縦隊で前へ進む。リーダーは予令をかけて間を取る。

予令：円を描いて

2 リーダーは左足が着地するあたりで本令をかける。

俯瞰図

2列縦隊で行進し、本令に備える。

本令：進め

3 本令後、先頭は円を描くためにカーブしながら前へ進む。直進した先に円の中心があるときは一度外側に進んでから内側へ入る。

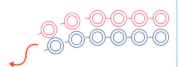

円の中心に向かって進んだ場合、一度外側に振ってから内側へとカーブする。

4 後列も先頭と同じコースを通って前へ進む。

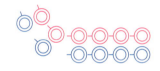

先頭に続いて全体が円を描きはじめる。

Checkポイント

内側と外側をそろえる

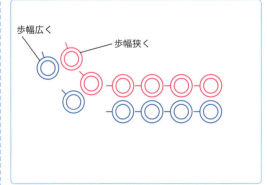

❶カーブでの歩幅は、内側はやや狭く、外側はやや広く取る。

❷円を描いて進むときは内側と外側で歩幅をそろえ、横を意識する。

5 先頭は円の大きさを考えながら、人数に合わせてカーブする径を決めて前進する。

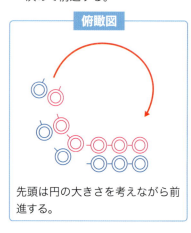

先頭は円の大きさを考えながら前進する。

6 内側と外側の歩幅をそろえながら円を描き、先頭は最後尾との距離を詰める。

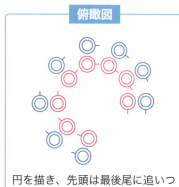

円を描き、先頭は最後尾に追いつくように進む。

距離を詰める

7 歩きながら前後の間隔をそろえたら円の完成。

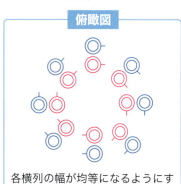

各横列の幅が均等になるようにする。

Checkポイント

行進へとつなげる

円を描いたあと、次の演技に移行する場合は「先頭○○へ、進め」と号令をかけて円をほどきます。このときも横の列を意識しておくことが大切です。

❶「先頭後方へ、進め」などの号令で指示する。

❷後列が続き、円がほどける。

よくある失敗例

円の径が大きすぎる

円を大きく描きすぎてしまうと、先頭と最後尾が追いつかずに円になりません。先頭のメンバーは練習を繰り返して、円の径を体に覚え込ませましょう。また、円の大きさは人数によって変わります。人数が多いほど径も大きく、円を描く距離が難しくなるので注意しましょう。

先頭が径をつかめていないと、径が大きくなりすぎて円にならなくなる。

応用❺
四角を描く

DVD 2-21

号令
予令 四角形、前へ
本令 進め

Point
◎2列横隊で前へ進み、一歩ずつ順番に止まって四角形を描きます。
◎各メンバーの止まる場所は歩数で決めます。後列中央から外側へ、前列外側から中央の順番に止まります。
◎四角形を描いたあとは反対に後列中央から進み2列に戻ります。

1 2列横隊で並び、気をつけの姿勢で号令を待つ。

予令 四角形、前へ 本令 進め

2 左足から前へ進む。このとき歩数を数えながら行進する。

3 決めた歩数まで歩いたら、後列中央から順番に気をつけの姿勢で止まる。

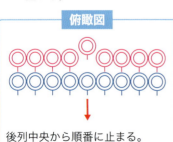

俯瞰図

後列中央から順番に止まる。

後列中央が止まる

4 次の一歩で後列中央の両隣が止まって気をつけの姿勢。あとは一歩ごとに2人ずつ止まっていく。

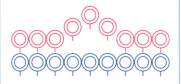

次に後列中央の両隣が止まる。

5 後列と前列の両端は同時に止まって姿勢を正す。

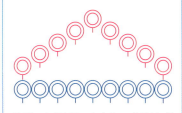

外側へと順番に止まり、後列と前列の両端は同時に止まる。

両端は前後列同時に止まる

6 次に前列の外側から内側へ向かって一歩ごとに2人ずつ止まる。

前列の両端が止まったら、両端から内側の順に止まる。

外側から内側へ向かって止まる

7 前列中央が止まったら四角形の完成。全員よい姿勢を維持して正面を向く。

四角形の完成。四角形の形は人数と止まる歩数で変わる。

8 次に号令で全員が180度方向変換する。

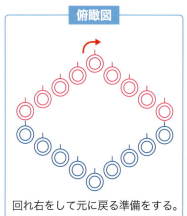

回れ右をして元に戻る準備をする。

9 全体が前へ進み、元の位置まで戻る。

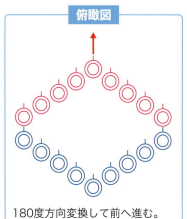

180度方向変換して前へ進む。

10 元の位置まで戻ったら、姿勢を正す。はじめに後列中央、その両隣と順番に止まる。

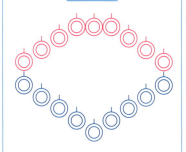

俯瞰図

元の位置に戻ったメンバーから止まる。

11 全体が元の位置に戻り、2列横隊に並ぶ。

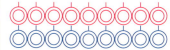

俯瞰図

2列横隊に並び、一連の動作が完了。

Checkポイント

頂点のある四角形

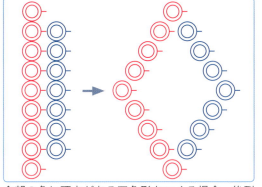

全部の角に頂点がある四角形をつくる場合、後列に2人追加する。

三角形をつくる

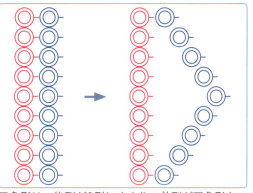

三角形は、後列が1列に止まり、前列が四角形をつくるときと同様に止まる。

応用❻
列の交差

Point
◎列を2つに分けて交差させる、集団行動で人気の行進です。
◎列と列の間をもう一方の列がすり抜けるため、列の間隔をある程度あけておきます。また、スタートの位置は片方のグループが半歩前に出ます。
◎列の角度がつきすぎてしまうとすり抜けが難しくなります。

号令
予令：中央に向かって（前へ）
本令：進め

DVD 2-22

1 2つのグループに分かれて2列横隊で整列する。「中央に向かって」の号令で中央を向く。

俯瞰図

2列横隊ずつ分かれ、片方のグループは半歩前に出て並ぶ。号令で中央を向く。

予令：中央に向かって（前へ）

2 列の形を維持しながら、それぞれ中央に向かって斜めに進む。

俯瞰図

各列が乱れないように注意する。

本令：進め

3 各列の先頭はお互いに微調整しながら中央に向かって進み、列が重なる。

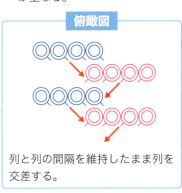

俯瞰図

列と列の間隔を維持したまま列を交差する。

4 歩行のリズムを合わせて列を交差させる。各列が崩れないように平行を保ったままにすることがポイント。

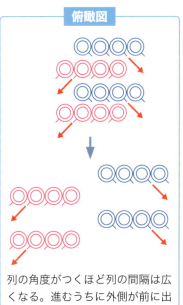

俯瞰図

列の角度がつくほど列の間隔は広くなる。進むうちに外側が前に出すぎたりしないように指導する。

3章 集団行動の練習―応用⑥

5 列が交差したら号令があるまでそのまま進む。

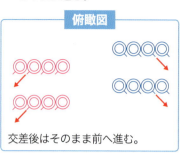

交差後はそのまま前へ進む。

6 「回れ右前へ、進め」の号令で全体が180度方向変換する。

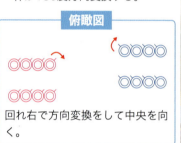

回れ右で方向変換をして中央を向く。

7 リズムと列の間隔を保ったまま後方へ進む。

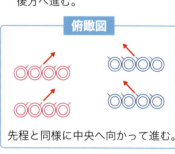

先程と同様に中央へ向かって進む。

8 再度列を交差して元の位置まで戻る。

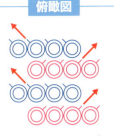

俯瞰図

列の間隔を保ちながら再度列を交差させる。

Checkポイント

列の間隔

列の交差では、列の間隔がポイントです。列が平行に移動する場合は、一人が通れる間隔で構いませんが、斜めに移動する場合は、若干広めに取ります。どの間隔がベストなのかは何度も練習してつかみましょう。

平行に交差する場合（角度が浅い場合）は列と列の間隔は狭い。

斜めに交差する場合は列と列の間隔は広く取る。

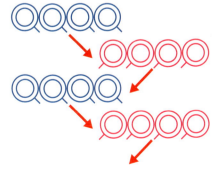

❶列が斜めに進むときに安全に通れる間隔に列をあける。

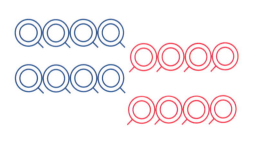

❷列の間隔が狭いと、ぶつかってしまい列の交差ができない。

COLUMN

学生の練習②

できない場合にあわてさせない

大学の練習は歩幅や速さをそろえることからはじまります。とくに男女の歩幅を合わせるのが大変で、まずは歩幅をチェックし、歩幅を決めてから練習します。はじめ、身長の低い学生は、小走りになりますが、人間の順応力は高く、目標があって一生懸命続けられれば、必ずできるようになってきます。

ここで、できない学生に「早く追いつくように」といったら精神的に追い込まれてしまいます。できる学生はそれより先に向かうように、できない学生はあわてずに、一歩ずつ追いつけるように指導しています。

練習では、1分間に162歩のスピードで95cmの歩幅に統一して歩く。

考えて行動するために

集団では個人を区別することはありませんが、ポジションが変われば、個人の役割も変わります。それを的確に捉えて、考えながら行動できることがポイントになります。

たとえば、考えることを鍛えるために、合宿中に全員の前で自己紹介を行います。そうすると、自分の考えを伝えられない学生がたくさんいますが、次の合宿でもう一度、自己紹介を行います。そうすると前回の失敗をふまえて、自分の考えを伝えられるようになります。体を動かすこととは別の環境を与えて、考える下地を伸ばすことも大切です。

動きとは別の環境を与えることで、考える力を伸ばすこともできる。

4章 集団行動のプログラム

集団行動演技は、さまざまな動きを組み合わせます。
ここでは演技とするためのプログラム例を紹介します。

プログラムの構成

集団行動演技では基本の動きを組み合わせた応用で成り立っています。メンバーの能力に合わせてひとつの作品として仕上げるためにポイントを押さえて構成を考えましょう。

1 集団行動演技のテーマを決める

集団行動演技は一つひとつの動きを流れるように構成するパフォーマンスです。そのためにはまずはテーマを決めて演技の流れを意識します。

テーマはメンバーと指導者が話し合って決めても構いませんが、できるだけメンバーからの意見を尊重するとよいでしょう。自分たちで決めたことを最後までやり通せる力がつき、やる気も出てきます。テーマは地域の自然や環境、学校や地域の歴史、オリンピックなどの時事ネタなど、大きく3つのパターンがあります。

はじめて取り組む場合は、地域そのものや地域で愛される自然や公共物など、身近なもののほうがイメージを共有しやすくなります。また、普段の生活のなかでもヒントはいろいろとあるので、身近なことにも目を向けてみましょう。

2017年の日体体育大学の集団行動のテーマは海の魚。海の魚は号令がなくても、集団行動をすることにヒントを得て、号令のない演技とした。

2 メンバーの能力で構成する

構成を考える前に、メンバーのことをよく知ることが大切です。体格や体力、運動能力は個人差があります。普段から一人ひとりをよく見ておくことが重要です。

はじめに隊列の並び順を、背の順にするのか、アーチにするかを決めます。

次にどのような動きなら実現可能か、目標やメンバーの能力でできる動きをピックアップします。体力的にやや不安があるメンバーが多い場合は、止まる動きを多めに入れたり、グループを分けて能力別に違う演技をしたりするとよいでしょう。見た目にも変化がつきますし、無理せずケガをする心配も軽減されます。

また、全員の表情が観客に見えるような動きを取り入れることも考えましょう。

メンバーの体格や体力的な差を考慮し、並び順や構成する動き、フォーメーションなどを決める。

3 演技の構成を考える

　次に集団行動の構成を考えます。テーマに合う内容にするために、メンバーの能力とすり合わせながらどう表現していくかを、指導者が考えていきます。

　たとえば、魚を表現するなら、隊形で魚の形をつくる、メンバーの動きで魚を表現するなど、選択肢はいくつもあります。どのような表現が可能か、動きとフォーメーションを考えて、難易度の低いものや高いものを織り交ぜて選んでおきます。

　動きの候補が出たら、演技の流れを組み合わせます。基本は全員での行進、次にいくつかのグループに分けて仕上げていきます。定番は基本の動きをはじめに見せ、徐々に難易度を上げていく方法ですが、難易度の高いものをはじめと最後に見せる構成もよいでしょう。

　構成はあくまでも叩き台として利用し、新たな動きや、動きと動きのつなぎなどはメンバーの意見を取り入れながら、本番までに修正しながらつくり上げましょう。

テーマとメンバーの能力から構成を考える。いくつかのグループに分け、テーマを生かす隊列の組み合わせ、演技の構成をつくる。

4 できるだけ素早く

　集団行動をきれいに見せるためには、すべての動作を素早く行うことがポイントです。時間の短縮はもちろん、キビキビとした動きは躍動感や一体感を感じさせます。

　はじめは、開列や集合など素早く移動する練習から行いましょう。グループを分けて時間を計り、何秒で集合できるか、遊び感覚を取り入れても楽しいです。練習ではいかに集中して楽しくできるかが指導者の腕の見せ所です。

　また、移動のタイミング、最短距離への動き、姿勢などは慣れないとなかなかできません。どうしたら、素早く行動できるのかをメンバーが相談しながら、自分で考えられる環境づくりも指導者の役割です。

　とくに気をつけの姿勢がふらつかずに静止できるとそれだけで、演技となります。また、行進のときは胸を張って堂々と歩くなど、基本の動きがよいと全体が締まった演技となります。

移動、整列などは素早く行うことで、間があかずに一体感のある演技となる。

集団行動のプログラム例

ここではプログラムの一例を紹介します。組み合わせや動きの応用などは、指導者とメンバーで意見を出し合いながら、つくり上げましょう。

①入場

- **隊列** 4列縦隊→4列横隊
- **動き** 4列縦隊で入場
  左折して正面に4列横隊で並ぶ
- **号令** 「前へ、進め」「先頭、左」「右向け、右」「全体、止まれ」
- **ポイント** 堂々と胸を張って歩き、全員のリズムを合わせる。

②礼

- **隊列** 4列横隊
- **動き** 立礼
- **号令** 「右へ、ならえ」「なおれ」「休め」「気をつけ」「礼」
- **ポイント** 1、2、3のリズムで礼をする。
  上体をまっすぐにしたまま、30度くらいの角度に倒す。

③注目隊形

- **隊列** 4列横隊
- **動き** 各列で注目隊形をつくる
- **号令** 「注目のできる隊形に、休め」
- **ポイント** リズムを合わせて動きを統一する。
  3のリズムで全員が顔を上げる(笑顔になってもよい)。

④2列→行進（方向変換右）

隊　列	4列横隊→2列縦隊
動　き	2列縦隊に列を変換 右折しながら一周する
号　令	「2の番号、はじめ」「2列、変換」「右向け、右」「前へ、進め」「先頭、右」
ポイント	2の番号を送り、偶数列が奇数列の間に入り、2列横隊に。 方向変換では内側と外側で横の列を意識する。

⑤行進（回れ右）

隊　列	2列縦隊
動　き	行進しながら全体で回れ右をして前へ進む
号　令	「回れ右前へ、進め」
ポイント	1、2、3のリズムで回れ右をし、左足から一歩踏み出す。 3のリズムでつま先に体重をかけて180度方向変換。

⑥行進（方向変換左）

隊　列	2列縦隊→2列横隊
動　き	2回左折する 正面に向かって全体が左へ進む
号　令	「先頭、左」 「全体左向け前へ、進め」「全体、止まれ」
ポイント	方向変換では内側と外側で横の列を意識する。 リーダーは全体が中央に来るあたりで号令をかける。

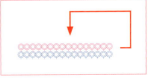

4章　集団行動のプログラム

⑦ 2列→4列

隊　列	2列横隊→4列縦隊
動　き	2列横隊から4列縦隊に変換
号　令	「4列右向け、右」
ポイント	1、2、3、4のリズムで動きを統一する。偶数列が奇数列の間に入り、4列縦隊に。

⑧ かけ足→歩行

隊　列	4列縦隊
動　き	かけ足で一周し、歩行へと移行する
号　令	「かけ足、進め」「先頭、右」「速足、進め」
ポイント	かけ足で一周したあと歩行へ。「速足、進め」の号令で1、2、3のリズムで右、左、右と踏み出し、4のリズムで左足から歩行に移る。

⑨ 列を2つに分ける

隊　列	4列縦隊→2列縦隊×2
動　き	列を2つに分ける 2つの列が回れ右をする
号　令	「後列回れ右前へ、進め」「回れ右前へ、進め」
ポイント	後列（3、4列）が180度方向変換して2つのグループに分かれる。その後、全体が回れ右をして列を近づける。

⑩ 列を4つに分ける

隊 列 2列縦隊×2→1列縦隊×2、1列横隊×2
動 き 1、4列が右に進む、列が4つに分かれる
号 令 「1、4列右向け前へ、進め」
ポイント リーダーは列が重なるタイミングで本令をかける。
1、4列は右、左、右と足踏みしてから左足から一歩踏み出す。

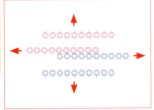

⑪ 回れ右前へ進め(コマ送り)

隊 列 1列縦隊×2、1列横隊×2
動 き 回れ右前へ進めをコマ送りで表現
号 令 「回れ右前へ、進め」
「なおれ」
ポイント 右端、先頭から順に動きを止める。
「なおれ」の号令で右端から動きはじめ、回れ右をして列の動きをそろえて進む。

⑫ 4列縦隊に戻る

隊 列 2列縦隊×2→4列縦隊
動 き 列を2列に戻し、回れ右をするさらに前列が回れ右をして4列縦隊に戻る
号 令 「1、4列左向け前へ、進め」
「回れ右前へ、進め」
「前列回れ右前へ、進め」
ポイント 先程とは逆に1、4列が左へ進み2列をつくり、回れ右をする。
前列が回れ右をして4列縦隊に。

4章 集団行動のプログラム

⑬ 行進（方向変換右）

隊　列	4列縦隊
動　き	行進しながら右へ方向変換
号　令	「先頭、右」
ポイント	カーブでは内側と外側で横の列を意識する。 4列縦隊のまま方向変換を繰り返し、中央で止まる。

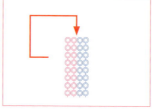

⑭ 前方から腰をおろして休め

隊　列	4列縦隊
動　き	1人ずつ腰をおろす
号　令	「前方から腰をおろして休め」「起立」
ポイント	前から順番に、腰をおろすことで流れるような演技となる。 リズムをそろえ、前のメンバーが右手をついたら次のメンバーが動きはじめる。

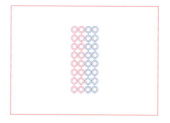

⑮ 四角を描く

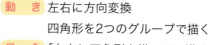

隊　列	2列横隊×2
動　き	左右に方向変換 四角形を2つのグループで描く
号　令	「左右に四角形を描いて、進め」
ポイント	1、2列と3、4列の2つのグループに分かれて外側に方向変換。 後列中央から止まり、四角形を描く。

⑯ 集合（密集隊形）

隊　列　4列横隊
動　き　密集隊形に集合する
号　令　「基準、密集隊形に、集まれ」
ポイント　基準者は号令後、すぐに自分の位置に走って移動する。
できるだけ素早く密集隊形に集合する。

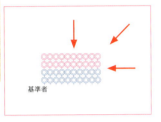

⑰ 開列（両手距離間隔）

隊　列　4列横隊
動　き　両手距離間隔に開列する
号　令　「両手間隔に、開け」
ポイント　号令後、すぐに自分の位置に走って移動する。
できるだけ素早く両手距離間隔に開列する。

⑱ 集合（密集隊形）

隊　列　4列横隊×2
動　き　向こう正面に4列横隊を2つつくる
号　令　「○、○基準、4列横隊に、集まれ」
ポイント　向こう正面の両端を基準者とする。
2つのグループに分かれて素早く集合する。

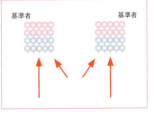

⑲ 列の交差1

隊列 4列横隊×2
動き 中央へ向かって方向変換
　　　　 列を交差させる
号令 「中央に向かって、進め」
ポイント 予令で中央に向かって方向変換しつつ、
　　　　　 左のグループは半歩前に出る。
　　　　　 本令後、列を中央で交差させる。

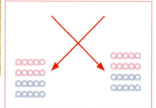

⑳ 列の交差2

隊列 4列横隊×2
動き 回れ右をする
　　　　 列を交差させる
号令 「回れ右前へ、進め」
ポイント 列の交差後、回れ右をして方向変換。
　　　　　 もう一度列を交差させる。

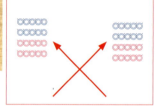

㉑ 行進

隊列 4列横隊×2
動き 止まって、回れ右をする
　　　　 正面に向かって歩く
号令 「全体、止まれ」「回れ、右」
　　　　 「正面に向かって、進め」
　　　　 一度止まって回れ右をする。
ポイント 「正面に向かって」の予令で全員正面へ
　　　　　 方向変換し、前へ進む。

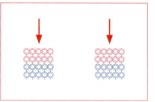

㉒ なみ足

隊　列	4列横隊×2
動　き	各自それぞれの方向に進む 手を振って笑顔 「なみ足、進め」「なおれ」
号　令	列が崩れてもリズムを乱さないようにする。
ポイント	手を振って笑顔で観客にアピールする。 「なおれ」の号令で4列横隊に戻る。

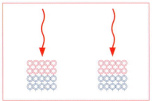

㉓ 円を描く1

隊　列	2列縦隊×2
動　き	円を描く 足踏み
号　令	「円を描いて、進め」
ポイント	各グループの先頭右端から2列ずつ円を描いて進む。 待機している列はその場で足踏みをする。

㉔ 円を描く2

隊　列	2列縦隊
動　き	円を崩して大きな円をつくる 「全体大きく円を描いて、進め」
号　令	各グループの先頭が大きく回り、大きな円を描く。
ポイント	各グループの先頭は最後尾との距離を縮める。

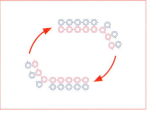

4章 集団行動のプログラム

㉕ 円を描く3

隊　列	2列縦隊
動　き	大きな円をつくる
号　令	ナシ
ポイント	内側と外側とで歩幅をそろえ、横の列を意識する。 各列の間隔を均等にそろえる。

㉖ 礼

隊　列	2列縦隊→2列横隊
動　き	円の外側を向く 礼をする
号　令	「左向け、左」「休め」「気をつけ」「礼」
ポイント	演技の最後は全員外側を向き、休め、気をつけで姿勢を正す。 リズムをそろえて礼をする。

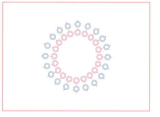

㉗ 退場

隊　列	2列横隊→2列縦隊
動　き	右に方向変換 行進して退場する
号　令	「右向け、右」「退場」
ポイント	堂々と胸を張り、よい姿勢で行進する。 「退場」の号令で全員が行進して退場する。

5章 指導計画例

限られた時間を最大限に利用して、
無理のない指導計画をつくりましょう。
8日で終える計画例を紹介します。

集団行動の指導　1日目

場所：体育館
役割：A教諭　全体指導
　　：B教諭　個別指導
　　：C教諭　個別指導

【準備】
- 指導プラン
- 動きのポイント表
- 集団行動DVD
- ビデオカメラ　など

【指導の要点】
- 集団行動についての説明
- 迅速な行動
- 練習計画と注意点の説明
- 基本の動きの方法

指導の内容	指導のポイント	児童生徒の動き
・集団行動についての説明	・体育館に集合したら速やかに整列させる。 ・集団行動は何かということを説明する。	・整列
・練習計画と注意点の説明	・練習の流れの説明。 ・集団行動を行う上で迅速に行動するなどの注意点の説明。	・質疑応答 ・準備運動
・気をつけ、休めの重要性を説明、指導	・「気をつけ」と「休め」は集団行動の基本となる姿勢ということを伝え、実際に行う。	・直立で気をつけ、休めを行う
・基本の動き、整列の方法 ・指先を伸ばす ・一人ずつ具体的な動き方を指導 ・各動きのリズムを意識する ・姿勢	・各基本の動き、整列の注意点などを指導する。 【基本の動き】 □気をつけ □休め □腰をおろして休め □右（左）向け、右（左） □回れ、右 □礼 【整列】 □2列横隊 □2列縦隊	・基本の動き、整列の練習
・まとめ ・次回の練習の内容	・よかった点、改善点を伝える。	・整列 ・自己評価

チェックポイント
- □集団を理解できたか
- □迅速に行動できたか
- □意欲的に取り組めたか
- □動きの手順は身についたか
- □よい点・改善点を理解できたか
- □楽しく練習できたか

集団行動の指導 2日目

場所：体育館
役割：A教諭　全体指導
　　：B教諭　個別指導
　　：C教諭　個別指導

【準備】
- 動きのポイント表
- メトロノーム
- 集団行動DVD
- ビデオカメラ　など

【指導の要点】
- 前回の復習
- 迅速な行動
- 開列と集合
- 行進とリズム

指導の内容	指導のポイント	児童生徒の動き
・本日の練習の説明	・体育館に集合したら速やかに整列させる。 ・本日の練習のポイントを説明する。	・整列 ・準備運動
・前回指導した動きの復習	・前回の基本の動きの復習。	・基本の動き
・開列と集合の方法 ・素早く移動する	・開列と集合の方法を説明する。 【開列と集合】 ☐開列①[両手距離間隔] ☐開列②[片手距離間隔] ☐集合①[元の隊形] ☐集合②[密集隊形]	・開列と集合
・行進、行進中の方向変換の方法 ・腕の振り方 ・姿勢 ・ヒザを伸ばす ・方向変換時のリズム ・列を乱さない	・行進の方法と行進中の方向変換の方法を説明する。 【行進】 ☐リズム ☐かけ声 ☐歩幅のチェック ☐足踏み ☐前へ進め、止まれ 【行進中の方向変換】 ☐先頭、右(左) ☐全体右(左)向け前へ、進め ☐回れ右前へ、進め	・行進、行進中のかけ声 ・行進中の方向変換
・まとめ ・次回の練習の内容	・よかった点、改善点を伝える。	・整列 ・自己評価

チェックポイント
- ☐迅速に行動できたか
- ☐意欲的に取り組めたか
- ☐動きの手順は身についたか
- ☐まわりを見て行動できたか
- ☐よい点・改善点を理解できたか
- ☐楽しく練習できたか

集団行動の指導 3日目

場所：体育館
役割：A教諭　全体指導
　　：B教諭　個別指導
　　：C教諭　個別指導

【準備】
- 動きのポイント表
- メトロノーム
- 集団行動DVD
- ビデオカメラ　など

【指導の要点】
- 前回の復習
- 迅速な行動
- 番号と列の増減の方法
- 円・四角を描く方法

指導の内容	指導のポイント	児童生徒の動き
・本日の練習の説明	・体育館に集合したら速やかに整列させる。 ・本日の練習のポイントを説明する。	・整列 ・準備運動
・前回指導した動きの復習	・前回の動きの復習。 ・行進を中心に時間を決めて行う。	・開列と集合 ・行進、行進中のかけ声 ・行進中の方向変換
・番号の送り方 ・番号の発音 ・顔を正面に向ける ・大きな声で番号をいう ・列の増減の方法 ・列の増減時のリズム	・番号の送り方を説明する。 【番号】 □番号（通し番号、2の番号） ・列の増減の方法を説明する。 【列の増減】 □4列右向け、右 □2列左向け、左 □3列右向け、右	・番号 ・列の増減
・円を描く方法 ・内側と外側で列をそろえる ・先頭は円の大きさを考えてカーブする ・四角形を描く方法 ・止まる歩数の確認 ・歩幅をそろえる	・円を描く方法を説明する。 【円を描く】 □円を描いて、進め □円の大きさを考えてカーブ ・四角形を描く方法を説明する。 【四角を描く】 □四角形、前へ、進め □歩数を決めて止まる	・円を描く ・四角形を描く
・まとめ ・次回の練習の内容	・よかった点、改善点を伝える。	・整列 ・自己評価

チェックポイント
- □迅速に行動できたか
- □意欲的に取り組めたか
- □大きな声で番号をいえたか
- □横の列を崩さないで円を描けたか
- □歩数を数えながら四角形を描けたか
- □楽しく練習できたか

集団行動の指導　4日目

場所：体育館
役割：A教諭　全体指導
　　：B教諭　個別指導
　　：C教諭　個別指導

【準備】
- 動きのポイント表
- メトロノーム
- 集団行動DVD
- ビデオカメラ　など

【指導の要点】
- 前回の復習
- 迅速な行動
- 注目隊形の方法
- 列を分ける方法

指導の内容	指導のポイント	児童生徒の動き
・本日の練習の説明	・体育館に集合したら速やかに整列させる。 ・本日の練習のポイントを説明する。	・整列 ・準備運動
・前回指導した動きの復習	・前回の動きの復習。 ・時間を見て重点的に指導するものを選ぶ。	・番号 ・列の増減 ・円を描く ・四角を描く
・注目のできる隊形の方法 ・各列での動き方 ・リズムを合わせた動き方 ・前方から腰をおろして休め、の方法	・注目のできる隊形の方法を説明する。 【注目隊形】 □注目のできる隊形に休め □各列の動き □リズムを合わせた動き ・前方から腰をおろして休む方法を説明する。 【前方から腰をおろして休め】 □前方から腰をおろして休め	・注目隊形 ・前方から腰をおろして休め
・列を4つに分ける方法	・列を4つに分ける方法を説明する。 【列を4つに分ける】 □後列回れ右前へ、進め □回れ右前へ、進め □1、4列右向け前へ、進め □回れ右前へ、進め □1、4列左向け前へ、進め □回れ右前へ、進め □前列回れ右前へ、進め	・列を4つに分ける
・まとめ ・次回の練習の内容	・よかった点、改善点を伝える。	・整列 ・自己評価

チェックポイント

- □迅速に行動できたか
- □意欲的に取り組めたか
- □動きの手順は身についたか
- □リーダーはタイミングよく号令がかけられたか
- □よい点・改善点を理解できたか
- □楽しく練習できたか

集団行動の指導 5日目

場所：校庭
役割：A教諭　全体指導
　　：B教諭　個別指導
　　：C教諭　個別指導

【準備】
- 動きのポイント表
- リズムボックス
- ラインを引く
- ビデオカメラ　など

【指導の要点】
- 前回の復習
- 列の交差の方法
- 迅速な行動
- 入場からの流れ

指導の内容	指導のポイント	児童生徒の動き
・本日の練習の説明	・集合したら速やかに整列させる。 ・本日の練習のポイントを説明する。	・整列 ・準備運動
・前回指導した動きの復習	・前回の動きの復習。 ・時間を決めて行う。	・注目隊形 ・列を4つに分ける
・列の交差の方法を説明 ・列の間隔と並び方 ・列を乱さない	・列の交差の方法を説明する。 【列の交差】 □中央に向かって、進め □列の間隔と並び方	・列の交差
・入場からの流れを説明 ・目標物を意識した練習 ・かけ声をかけてリズムを意識 ・リーダーは号令のタイミングを確認	・入場からいくつかの動きまで流れで行う。 【入場からの流れ】 □前へ、進め □礼 □注目隊形 □行進（方向変換） □番号 □列の増減	・入場からの流れ
・まとめ ・次回の練習の内容	・よかった点、改善点を伝える。	・整列 ・自己評価

チェックポイント
- □迅速に行動できたか
- □意欲的に取り組めたか
- □横の列を崩さないで交差できたか
- □基本の動きは身についたか
- □流れを意識した動きができたか
- □楽しく練習できたか

集団行動の指導 6日目

場所：校庭
役割：A教諭　全体指導
　　：B教諭　個別指導
　　：C教諭　個別指導

【準備】
- 動きのポイント表
- 集団行動DVD
- リズムボックス
- ビデオカメラ　など

【指導の要点】
- 前回の復習
- 退場までの流れ
- 迅速な行動
- 入場から退場までの流れ

指導の内容	指導のポイント	児童生徒の動き
・本日の練習の説明	・集合したら速やかに整列させる。 ・本日の練習のポイントを説明する。	・整列 ・準備運動
・前回指導した動きの復習	・前回の動きの復習。 ・時間を決めて行う。	・列の交差 ・入場からの流れ
・前回練習した続きから退場までの流れを説明 ・各動きがつながるように意識する ・かけ声をかけてリズムを取る ・リーダーは号令のタイミングを確認	・退場までの流れを説明。 【退場までの流れ】 ☐腰をおろして休め ☐四角を描く ☐開列（両手距離間隔） ☐集合（密集隊形） ☐列の交差 ☐円を描く ☐退場	・退場までの流れ
・入場から退場までを行う ・そろわない部分の改善	・時間があれば入場から退場までの流れを練習する。 ・つながりや動きがそろわない部分を重点的に練習する。	・入場から退場まで ・各動きの練習
・まとめ ・次回の練習の内容	・よかった点、改善点を伝える。	・整列 ・自己評価

チェックポイント

- ☐迅速に行動できたか
- ☐意欲的に取り組めたか
- ☐動きの手順は身についたか
- ☐リーダーはタイミングよく号令がかけられたか
- ☐よい点・改善点を理解できたか
- ☐楽しく練習できたか

集団行動の指導　7日目

|場所：校庭|
|役割：A教諭　全体指導|
|　　　：B教諭　個別指導|
|　　　：C教諭　個別指導|

【準備】
- 動きのポイント表
- リズムボックス
- ラインを引く
- ビデオカメラ　など

【指導の要点】
- 前回の復習
- 入場からの流れ
- 迅速な行動
- 改善点を見つける

指導の内容	指導のポイント	児童生徒の動き
・本日の練習の説明	・集合したら速やかに整列させる。 ・本日の練習のポイントを説明する。	・整列 ・準備運動
・入場から退場まで繰り返し練習 ・リーダーは号令のタイミングを確認 ・改善が必要な動きを見つける	・入場から退場までを流れで行う。 【入場から退場までの流れ】 □前へ、進め □礼 □注目隊形 □行進（方向変換） □番号 □列の増減 □腰をおろして休め □四角を描く □開列（両手距離間隔） □集合（密集隊形） □列の交差 □円を描く □退場	・入場から退場までの流れ
・問題のある動きの復習	・各動きで改善が必要なものの復習。	・各動きの練習
・本番のつもりで行う ・基本の動きがおろそかになっていないか確認 ・列の乱れなど細かな修正を指導する	・リハーサルは本番のつもりで行うことを説明。 ・姿勢や歩行など基本的な動きが完成度を高めることを説明。	・リハーサル
・まとめ ・次回の練習の内容	・よかった点、改善点を伝える。	・整列 ・自己評価

チェックポイント
- □迅速に行動できたか
- □意欲的に取り組めたか
- □本番のつもりでできたか
- □流れを意識した動きができたか
- □よい点・改善点を理解できたか
- □楽しく練習できたか

集団行動の指導　8日目

場所：校庭
役割：A教諭　全体指導
　　：B教諭　個別指導
　　：C教諭　個別指導

【準備】
- 動きのポイント表
- リズムボックス
- ラインを引く
- ビデオカメラ　など

【指導の要点】
- 入場から退場までの流れ
- 迅速な行動
- リハーサル
- 本番への意欲を高める

指導の内容	指導のポイント	児童生徒の動き
・本日の練習の説明	・集合したら速やかに整列させる。 ・本日の練習のポイントを説明する。	・整列 ・準備運動
・リハーサル1回目 ・入場から退場まで本番のつもりで行う ・改善点を見つける ・列の乱れなど細かな修正を行う	・入場から退場までを本番のつもりで行うように指導する。 ・改善点をチェックし、どうしたらよい演技ができるのかポイントを示す。 ・よい点を中心にほめる。	・リハーサル1回目
・リハーサル2回目 ・1回目の改善点が解消できているか確認	・1回目の改善点を意識して、本番のつもりで行うように指導する。 ・よい点を中心にほめ、本番へのモチベーションを上げる。	・リハーサル2回目
・全体のまとめ ・本番当日の説明	・よかった点、改善点を伝える。 ・不安が残るメンバーがいるようなら、指導者で対策を考える。 ・ゆっくり休んで、万全の体調にするように伝える。	・整列 ・自己評価

チェックポイント
- ☐ 迅速に行動できたか
- ☐ 意欲的に取り組めたか
- ☐ 本番のつもりでできたか
- ☐ 流れを意識した動きができたか
- ☐ 本番への気持ちが高まったか
- ☐ 楽しく練習できたか

著者
清原伸彦（きよはら・のぶひこ）

1941年1月30日生まれ。大分県出身。日本体育大学体育学部卒業。日本体育大学名誉教授・名誉顧問、学校法人武相学園理事長。1970年日本体育大学体育学部講師として母校に戻り、水球部監督に就任。1974〜1994年まで公式戦376連勝21年間無敗といった水球部の黄金時代を築く。1982年日本体育大学教授。水球男子日本代表監督を務め、1984年ロサンゼルスオリンピック、その他国際大会多数出場。2005年学位（医学博士）を取得。
1970年より日本体育大学男子学生寮の寮監を務め、学生の教育の一環として「集団行動」を考案・演技指導を行い、日本体育大学の「体育研究発表実演会」でその成果を披露してきた。2014年ソチパラリンピックの開会式にて集団行動の指導・構成を担当。2016年世界音楽祭（スイス）で集団行動演技を披露。

STAFF
指　　　導	矢口浩幸（武相学園教諭） 大海二朗（日本体育大学）
撮影協力	日本体育大学 相模原市立鶴園小学校 日本体育大学集団行動有志 相模原市立鶴園小学校有志
デザイン・DTP	松原 卓（ドットテトラ）
写真撮影	末松正義
イラスト	坂川由美香
ＤＶＤ制作	Global japan Corp.
校　　　正	みね工房
編集制作	株式会社童夢
編集担当	斉藤正幸（ナツメ出版企画株式会社）

本書に関するお問い合わせは、書名・発行日・該当ページを明記の上、下記のいずれかの方法にてお送りください。電話でのお問い合わせはお受けしておりません。
・ナツメ社webサイトの問い合わせフォーム
　https://www.natsume.co.jp/contact
・FAX（03-3291-1305）
・郵送（下記、ナツメ出版企画株式会社宛て）
なお、回答までに日にちをいただく場合があります。正誤のお問い合わせ以外の書籍内容に関する解説・個別の相談は行っておりません。あらかじめご了承ください。

ナツメ社Webサイト
https://www.natsume.co.jp
書籍の最新情報（正誤情報を含む）はナツメ社Webサイトをご覧ください。

心を一つにまとめる
小学校 集団行動 演技指導のコツ DVD付き

2018年4月2日　初版発行
2021年12月10日　第3刷発行

著　者	清原伸彦	©Kiyohara Nobuhiko, 2018
発行者	田村正隆	
発行所	株式会社ナツメ社 東京都千代田区神田神保町1-52 ナツメ社ビル1F（〒101-0051） 電話　03（3291）1257（代表）　　FAX　03（3291）5761 振替　00130-1-58661	
制　作	ナツメ出版企画株式会社 東京都千代田区神田神保町1-52 ナツメ社ビル3F（〒101-0051） 電話　03（3295）3921（代表）	
印刷所	株式会社リーブルテック	

ISBN978-4-8163-6407-5　　　　　　　　　　　　　Printed in Japan
＊価格はカバーに表示してあります　＊落丁・乱丁本はお取り替えします
本書の一部または全部を著作権法で定められている範囲を超え、ナツメ出版企画株式会社に無断で複写、複製、転載、データファイル化することを禁じます。